COLLECTION PAUL CASIMIR-PÉRIER (DE Mme Vve)

ESTAMPES

NOVEMBRE 1898

Mᵉ PAUL CHEVALLIER	M. PAUL ROBLIN
Commissaire-Priseur	Marchand d'Estampes
10, RUE GRANGE-BATELIÈRE	65, RUE-SAINT-LAZARE

PARIS 1898

COLLECTION PAUL CASIMIR-PÉRIER (DE Mme Vte)

ESTAMPES

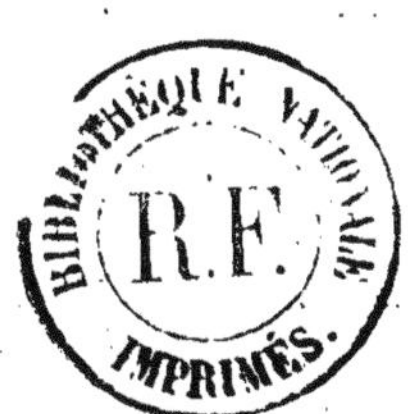

CONDITIONS DE LA VENTE

Elle sera faite au comptant.

Les acquéreurs paieront *cinq pour cent* en sus des enchères.

Les livres devront être collationnés dans les vingt-quatre heures de l'adjudication. Passé ce délai, ils ne seront repris pour aucune cause.

M. Paul Roblin, expert, se réserve la faculté de rassembler ou de diviser les lots.

N.-B. — *MM. les Amateurs pourront visiter la collection des* pièces *isolées, 65, rue Saint-Lazare; du lundi 24 octobre au vendredi 3 novembre.*

Les lots se composant d'un nombre considérable d'estampes, ne pourront être examinés que les jours de vente.

CATALOGUE

DES

ESTAMPES

DES XVIᵉ, XVIIᵉ ET XVIIIᵉ SIÈCLES

PORTRAITS ANCIENS

PAR

BLOOTELING, CHEREAU, DELFF, LES DREVET
VAN DYCK, EDELINCK, FALCK, GAULTIER, GOLTZIUS, HOUBRAKEN
MASSON, MATHAM, MELLAN, MORIN, MULLER
NANTEUIL, PONTIUS, SADELER, SCHMIDT, SOMPEL, SUYDERHOEF
VISSCHER, WIERIX, ETC., ETC.

EAUX-FORTES — LITHOGRAPHIES

ŒUVRE IMPORTANT DE CHARLES JACQUE

LIVRES SUR LES BEAUX-ARTS

RECUEILS DE GRAVURES

ŒUVRE DE SIR JOSHUA REYNOLDS

ESTAMPES EN LOTS

COMPOSANT

LA COLLECTION DE FEU Mᵐᵉ PAUL CASIMIR-PÉRIER

DONT LA VENTE AUX ENCHÈRES PUBLIQUES AURA LIEU

Hôtel des Commissaires-priseurs, rue Drouot, n° 9

SALLE N° 3

Du Lundi 7 au Samedi 12 Novembre 1898

A DEUX HEURES TRÈS PRÉCISES

Par le ministère de Mᵉ **PAUL CHEVALLIER**, Commissaire-priseur
10, RUE GRANGE-BATELIÈRE

Assisté de M. **PAUL ROBLIN**, marchand d'estampes
65, RUE SAINT-LAZARE

ORDRE DES VACATIONS

DÉSIGNATION

ESTAMPES

ET

PORTRAITS ANCIENS

ALDEGRAVER (HENRI).

1. Fuite de Loth (Bartsch, 16). — Les Deux Vieillards lapidés (B. 33). Deux pièces.

    Belles épreuves.

2. Le Père Sévère (B. 73). — Hercule et Cerbère (B. 87). — Hercule et Anthée (B. 96). Trois pièces.

    Belles épreuves.

3. **Aldegraver** (Henri), âgé de vingt-huit ans (B. 188). In-8.

    Belle épreuve. Collection Didot.

ALIX (JEAN).

4. **Verger de Hauranne** (Jean du), abbé de Saint-Cyran, d'après Ph. de Champaigne (R. D. 5). In-fol.

    Très belle épreuve, à grandes marges. Collection Roth.

AMMAN (JOBST).

5. **Feyerabend** (Sigismond), libraire (B. 20). In-4.

    Très belle épreuve. Collection Didot.

ARDELL (James Mac).

6. **Leviez** (M.), d'après J. E. Eccard. Petit in-fol.
   Très belle épreuve avec marges.

BALÉCHOU (Jean-Jacques).

7. **Grillot** (J.-G.), abbé de Pontigny, d'après Autreau. In-fol.
   Superbe épreuve.

8. **Porée** (le P. Charles), jésuite, d'après Neilson. In-4.
   Trois très belles épreuves des 1er, 2e et 4e états.

BARON (Bernard).

9. **Charles Ier**, à cheval, accompagné du duc d'Epernon, d'après
   A. van Dyck. In-fol.
   Très belle épreuve. Collection Didot.

BARY (Hendrick).

10. **Campen** (Jacob à), architecte, d'après F. Hals. In-fol.
    Belle épreuve. Collection Didot.

BAUDUINS et HUCHTENBOURGH.

11. Paysages. — Batailles. Soixante-six pièces, montées et reliées,
    en 1 vol. in-fol.
    Belles épreuves.

BEAUVARLET (Jacques-Firmin).

12. **Molière** (J.-B. Poquelin de), d'après Séb. Bourdon. In-fol.
    Très belle épreuve du 5e état, avec la dédicace. Collection Didot.

13. **Orange** (Un Prince de la Maison d'). In-fol.
    Très belle épreuve, avant toutes lettres, de la collection Didot, où
    cette pièce est donnée à Houbraken.

BEGA (CORNELIS).

14. OEuvre complet (B. 1 à 36), moins le titre et le n° 36, dont
l'existence n'est d'ailleurs pas prouvée.
> Belles épreuves, dont plusieurs doubles. En tout quarante-trois pièces.

BEHAM (HANS-SEBALD).

15. Jésus chez Simon le Pharisien (B. 25). In-12.
> Belle épreuve. Collection Didot.

16. La Parabole de l'Enfant prodigue (B. 31-34). Suite de quatre
petites pièces.
> Belles épreuves. Collection Didot.

17. La Clémence de Trajan (B. 82). In-8.
> Très belle épreuve. Collection Didot.

BELLE (ÉTIENNE DE LA).

18. La Perspective du Pont-Neuf de Paris. In-fol.
> Très belle épreuve du 2e état, avec la girouette.

19. Têtes de fantaisie. — Paysages. — Marines. — Batailles. Deux
cents-soixante-quatre pièces.
> Belles épreuves, plusieurs doubles.

BERGHEM (Par et d'après NICOLAS).

20. Animaux. — Paysages. Cinquante pièces.
> Bonnes épreuves.

BINCK (JACQUES).

21. **Gassel** (Lucas), 1529 (B. 93). In-4.
> Belle épreuve. Collection Didot et Camberlyn. On y a joint la copie
en contre-partie.

BLOEMAERT (CORNEILLE).

22. **Favereau** (Jacques), poëte. — **Martin** (Le R. P. Fr.). —
Peretti (Fr.), cardinal de Montalte. Trois portraits.
> Belles épreuves.

BLOOTELING (ABRAHAM).

23. **Bidloo** (G.), architecte. In-fol.

> Très belle épreuve du 1ᵉʳ état, avant toutes lettres. Collection Didot

24. **Kortenaer** (Egbert), amiral, d'après Bart. van der Helst. Grand in-fol.

> Superbe et rare épreuve du 1ᵉʳ état, avant le mot *excudit* à la suite du mot *sculpsit*.

25. **Nes** (Aert van), amiral, d'après L. de Jongh. In-fol.

> Très belle épreuve du 1ᵉʳ état avant l'*excudit* du graveur. Collection Didot.

26. **Beverningk** (Jérôme), d'après B. Vaillant. — **Flinck** (Govaert), peintre, d'après P. Zyll. — **Haren** (Guillaume), d'après B. Vaillant. Quatre portraits.

> Très belles épreuves, une en double état.

BOILY (CHARLES).

27. Montgolfière *la Gustave*, dédiée à Sa Majesté Gustave III, Roy de Suède. 1784. In-fol.

> Très belle épreuve, piquée.

BOISSIEU (JEAN-JACQUES DE).

28. Son portrait, par lui-même (Rigal 1). In-fol.

> Très belle épreuve du 2ᵉ état, avec le portrait de femme sur le dessin ; on y a joint une autre épreuve, avec le paysage remplaçant e portrait de femme. Deux pièces.

29. Pie VII bénissant des enfants (R. 4). — Les Petits Charlatans (R. 22). — Vieillard jouant de la vielle (R. 29). — Les Grands Charlatans (R. 140). — Portrait d'homme, d'après Téniers (R. 127). — Le Peintre (R. 26). Sept pièces.

> Très belles et anciennes épreuves, dont une (nᵒ 140) avant l'astérisque et avec la marque de l'étau.

30. Les Grands Tonneliers (R. 9). — Intérieur de ferme (R. 13). — Le Maître d'école (R. 14). — Vue du Temple de Vesta (R. 34). Le Noyé (R. 57). — Les Villageois au repos (R. 59). — Paysage

d'Italie (R. 64). — Paysage (R. 70). — L'Oratoire (R. 60). —
Vue du pont de Lucano (R. 36). — Entrée de forêt (R. 71).
— Entrée de forêt (R. 72). Douze pièces.

Très belles et anciennes épreuves.

BOISSIEU (JEAN-JACQUES DE)

31. Le Moulin à eau (R. 135). — Le Moulin de Ruysdael (R. 136). —
Le Champ de blé (R. 137). — Le Gué (R. 138). — Le Pâtre
jouant du flageolet (R. 142). Cinq pièces, d'après Ruysdaël et
Claude Lorrain.

Très belles et anciennes épreuves.

32. Sujets de genre. — Paysages. — Têtes de fantaisie. Trente-neuf
pièces.

Belles épreuves, plusieurs sur Chine.

33. Sujets de genre. — Vues et Paysages. — Têtes de fantaisie.
Soixante pièces in-8 et in-4.

Belles épreuves.

BOSSE (ABRAHAM).

34. Les Œuvres de Miséricorde (G. D. 50-56). Suite de sept pièces
in-fol.

Très belle épreuve avec marges.

35. La même suite.

Belles épreuves, il manque le n° 56 : Ensevelir les morts.

36. Graveurs en taille-douce, au burin et à l'eau-forte. — L'Imprimeur. — L'Ouïe. — Le Goût. — Mariage à la mode. — Lazare.
Neuf pièces.

Belles épreuves.

BOTH (JEAN).

37. Paysages d'Italie. Vingt et une pièces.

Belles épreuves, un certain nombre en double.

BOUCHER (D'après FRANÇOIS).

38. La Naissance de Vénus. — La Toilette de Vénus. Deux pièces faisant pendants, gravées par Claude Duflos.

Très belles épreuves avec l'adresse du graveur.

39. Les mêmes estampes.

Belles épreuves, avec l'adresse de Crépy.

40. La Petite École, gravée à la manière de crayon par L. Bonnet.

Belle épreuve.

41. Vénus surprise par l'Amour. — Vénus caressée par l'Amour. Deux pièces gravées par L. Bonnet, aux deux crayons.

Belles épreuves.

42. Vénus et l'Amour. — Vénus se préparant pour le jugement de Pâris. — Pan et Syrinx. — Les Deux Confidentes. Quatre pièces gravées par Aveline, De Lorraine, Martenasie et Ouvrier.

Belles épreuves.

43. L'Oiseau privé, par Flipart. — Le Puits, par Chedel. — Les Quatre Éléments, par Duflos. — Pastorale, par Le Bas. Sept pièces.

Belles épreuves.

44. Femme nue couchée sur le ventre (n° 46), gravée par Demarteau. In-fol.

Très belle épreuve imprimée en sanguine, avec marges.

45. Académies de Femmes (n°s 83 et 87). — Vénus et l'Amour (n° 522). Trois pièces gravées par Demarteau.

Très belles épreuves imprimées en sanguine, avec marges.

46. Tête de femme (n° 92). — Groupe de trois enfants (n° 97). Deux pièces gravées par Demarteau.

Belles épreuves imprimées en sanguine.

47. Paysanne passant un ruisseau (n° 44). — Sainte-Famille (n° 191). — Les deux Bouquetières (n° 195). Trois pièces gravées à la manière de crayon, par Demarteau.

Très belles épreuves, une imprimée en sanguine.

BOUCHER (D'après François).

48. Jeune Femme à mi-corps tenant des fleurs (n° 126). — Une
Prêtresse (n° 157). Deux pièces gravées à la manière de
crayon, par Demarteau.

Belles épreuves, une imprimée en sanguine.

49. Pastorale (n° 212), gravée à la sanguine, par Demarteau.

Belle épreuve. On y a joint une contre-épreuve du 1ᵉʳ état, non terminée et avant la lettre.

50. Les Deux Femmes nues près de la Source. — Femme nue
assise, jouant du chalumeau (nᵒˢ 550-551). Deux pièces gravées aux trois crayons par Demarteau.

Très belles épreuves.

51. La Bergère surprise. — Pastorale. — Les Bouquetières. —
Femmes nues couchées. — Les Blanchisseuses. Sept pièces
gravées à la manière de crayon, par Demarteau.

Belles épreuves imprimées en sanguine, plusieurs sans marges.

52. Sujets et Têtes de fantaisie. Douze pièces gravées à la manière
de crayon, par Demarteau, Basset et autres.

Belles épreuves, plusieurs sans marges.

BROSAMER (Hans).

53. **Wicelius** (George), théologien (Bartsch 24). In-8.

Très belle épreuve. Collection Didot.

BRUYN (Nicolas de).

54. *Volatilium varii generis effigies, in tyronum, præcipue vero
aurifabrorum gratiam aeri incisa*, 1594. Suite de douze
petites pièces.

Belles épreuves.

BYE (Marc de).

55. Animaux. Cinquante-six pièces.

Belles épreuves.

CALLOT (Jacques).

56. Le Passage de la Mer Rouge (Meaume 1). Petit in-4.

Deux belles épreuves des 1er et 4e états.

57. Le Massacre des Innocents (M. 5). In-8.

Deux belles épreuves du 1er état, avant toutes lettres.

58. La Grande Passion (M. 12-18). Suite de sept pièces.

Belles épreuves avant les retouches.

59. La même suite.

Belles épreuves avant les retouches.

60. La Petite Passion (M. 19-30). Suite de douze petites pièces.

Très belles épreuves du 1er état, avant les numéros et l'adresse d'Israël Silvestre.

61. Les Mystères de la Passion (M. 31-36). Suite de six estampes comprenant vingt compositions.

Belles épreuves du 2e état.

62. Le Nouveau Testament (M. 37-47). Suite de onze petites pièces.

Très belles épreuves avant les inscriptions dans la marge et avant les numéros. On y a joint une suite avec les inscriptions. En tout vingt-deux pièces.

63. Les Quatre Banquets (M. 48-51). Suite de quatre pièces in-12.

Très belles épreuves du 1er état, avant les numéros. Collection Behague.

64. La Parabole de l'Enfant prodigue (M. 53-63). Suite de onze petites pièces.

Très belles épreuves du 2e état, avant les numéros.

65. La Vie de la Vierge (M. 76-89). Suite de quatorze petites pièces.

Très belles épreuves du 1er état, avant les numéros, à grandes marges.

66. Le Triomphe de la Vierge (M. 100). In-fol.

Deux belles épreuves, dont une du 1er état, avant l'adresse d'Isr. Silvestre.

67. Le Sauveur, la sainte Vierge, les Douze Apôtres et Saint-Paul (M. 104-119). Suite de seize pièces in-8.

Très belles épreuves avant les numéros.

CALLOT (Jacques).

68. Le Martyre des Apôtres (M. 120-136). Suite de seize petites pièces.

Très belles épreuves du 2ᵉ état, avant les numéros.

69. Le Martyre de saint Sébastien (M. 137). In-4.

Très belle épreuve du 1ᵉʳ état, avant l'adresse d'Israël Silvestre. Collection Behague.

70. La Tentation de saint Antoine (M. 139). In-fol.

Superbe épreuve du 3ᵉ état, avant le trait échappé, d'une parfaite conservation. Rare de cette beauté. Collection Camberlyn.

71. Saint-Nicolas ou saint Séverin (M. 140). Petit in-fol.

Superbe épreuve du 2ᵉ état, avant l'adresse d'Isr. Silvestre.
N. B. Cette estampe doit représenter saint Aman, 2ᵉ évêque de Toul.

72. Les Pénitents et Pénitentes (M. 147-152). Suite de six petites pièces.

Très belles épreuves.

73. Les Martyres du Japon (M. 155).

Très belle épreuve du 1ᵉʳ état, avant l'adresse d'Isr. Silvestre.

74. La même estampe.

Deux belles épreuves des 1ᵉʳ et 2ᵉ états.

75. Frontispice des Images de tous les Saints (M. 302). Petit in-4.

Très belle épreuve du 3ᵉ état.

76. Combat à la barrière (M. 492-502). Suite de onze planches, y compris le titre, pour le livre d'Henry Humbert intitulé : *Combat à la barrière faict à la cour de Lorraine en 1627.*

Très belles épreuves.

77. La même suite, moins le n° 502.

Très belles épreuves.

78. Combat de Veillane près de Turin, livré le 10 juillet 1630 (M. 509). In-fol.

Très belle épreuve. Collection Behague.

79. Siège de la Rochelle (M. 511). Estampe en six feuilles.

Belle épreuve.

CALLOT (Jacques).

80. Siège du fort de Saint-Martin dans l'île de Ré (M. 522). Estampe en six feuilles.

> Belle épreuve.

81. La Revue ou le Bataillon (M. 556). In-8.

> Très belle épreuve. Collection Behague.

82. Les Petites Misères de la Guerre (M. 557-563). Suite de sept pièces.

> Belles épreuves.

83. Les Grandes Misère de la guerre (M. 564-581). Suite de dix-huit pièces.

> Très belles épreuves du 2ᵉ état, à grandes marges.

84. Les Exercices militaires (M. 582-594). Suite de treize petites pièces.

> Très belles épreuves du 1ᵉʳ état, avant les numéros.

85. La Rencontre à l'épée. — La Rencontre au pistolet (M. 595-596). Deux pièces in-8.

> Très belles épreuves du 1ᵉʳ état, avant les numéros. Collection Behague.

86. Les mêmes estampes.

> Très belles épreuves du même état.

87. L'Éventail (M. 617). Copie gravée par François Collignon.

> Très belle épreuve.

88. La Carrière ou la Rue Neuve de Nancy (M. 621). In-fol.

> Très belle épreuve du 1ᵉʳ état, avant l'adresse d'Israël Silvestre. Collection Behague.

89. Le Parterre ou Jardin de Nancy (M. 622). In-fol.

> Superbe épreuve du 1ᵉʳ état avant l'adresse d'Israël Silvestre, avec grandes marges. Collection Galichon.

90. La Foire de Florence, 2ᵉ planche (M. 625). In-fol.

> Belle épreuve du 1ᵉʳ état.

91. La même pièce.

> Belle épreuve du même état. Collection Behague.

CALLOT (JACQUES).

92. Les Deux Pantalons (M. 626). In-8.
> Très belle épreuve. Collection Behague.

93. Les Trois Pantalons (M. 627-629). Suite de trois pièces in-4.
> Très belles épreuves.

94. Balli di Sfessania (M. 641-664). Suite de vingt-quatre petites pièces.
> Très belles épreuves du 1er état, avant les numéros, et avec une petite marge.

95. Les Supplices (M. 665). Petit in-4.
> Très belle épreuve du 3e état, avant toute adresse.

96. Les Bohémiens (M. 667-670). Suite de quatre pièces in-4.
> Très belles épreuves du 2e état, avant l'adresse d'Israël Silvestre, avec grandes marges.

97. L'Avant-Garde, 2e planche des *Bohémiens* (M. 668).
> Très belle et très rare épreuve du 1er état, avant le nom de Callot.

98. La Noblesse (M. 673-684). Suite de douze pièces.
> Très belles épreuves du 1er état, avant l'adresse d'Israël Silvestre, à grandes marges.

99. Les Gueux ou Mendiants (M. 685-709). Suite de vingt-cinq pièces in-8.
> Très belles épreuves du 1er état, avant les numéros.

100. La Petite Vue de Paris (M. 702). Petit in-4.
> Belle épreuve du 2e état, avec l'adresse d'Israël Silvestre.

101. La Grande Chasse (M. 711). In-fol.
> Très belle épreuve du 2e état, avant l'adresse d'Israël Silvestre.

102. Les deux grandes Vues de Paris : Le Louvre et le Pont-Neuf. — La Tour et la Porte de Nesle (M. 713-714). Deux pièces in-4.
> Très belles épreuves du 2e état, avant l'adresse d'Israël Silvestre, une est remargée. Collection Didot.

103. Les mêmes estampes.
> Belles épreuves du 4e état, les planches retouchées.

CALLOT (Jacques).

104. Les mêmes estampes.

> Bonnes épreuves, le n° 713 double. Trois pièces.

105. Les Caprices (M. 768-867). Suite de cinquante-deux pièces composée d'exemplaires des planches gravées soit à Florence, soit à Nancy.

> Belles épreuves.

106. Les Fantaisies (M. 868-881). Suite de quatorze petites pièces.

> Très belles épreuves avant les numéros; il y manque une planche (881). Collection Behague.

107. Mariage de la Vierge (M. 79). — Conversion de Saint Paul (M. 97). — Les Bohémiens (M. 668 et 670). — Le Bataillon (M. 556). — Catafalque de l'Empereur Mathias (M. 598). Sept pièces.

> Belles épreuves.

108. Sujets divers et Paysages. Soixante-deux pièces originales et copies.

> Belles épreuves.

CANALETTI (Antonio).

109. Vues de Venise. Onze pièces in-4 et in-fol.

> Belles épreuves, une en double.

CANALETTI (d'après Antonio).

110. Vues de Venise. Seize pièces in-fol.

> Belles épreuves.

CARMONA (Manuel-Salvador).

111. **Boucher** (François), peintre, d'après Roslin. — **Collin de Vermont** (Hyac.), peintre, d'après Roslin. Deux portraits in-fol.

> Très belles épreuves. Collection Didot. — Le portrait de Boucher est double.

CARRACHE (AUGUSTIN).

112. Titien (Tiziano Vecellio dit le), peintre (B. 154). In-fol.

Belle épreuve du 2° état avec la lettre.

CARS (LAURENT).

113. Le Temps enlevant la Vérité. — Persée et Andromède. — Iris au bain. Trois pièces in-fol., d'après F. le Moine.

Belles épreuves.

CASA (NICCOLO DELLA).

114. Bandinelli (Baccio), sculpteur italien (R. D. 2). In-fol.

Superbe épreuve du 2° état avec l'adresse de Lafreri. Collection Didot.

CHARDIN (d'après J. B. S.)

115. La Gouvernante, gravé par B. Lépicié, 1739. In-fol.

Belle épreuve remargée.

CHEREAU (FRANÇOIS).

116. Boileau-Despréaux (Nicolas), d'après H. Rigaud. Petit in-fol.

Très belle épreuve. Collection Didot.

117. Launay (Nicolas de), d'après H. Rigaud. In-fol.

Très belle épreuve.

118. Polignac (Melchior de), cardinal, d'après H. Rigaud. In-fol.

Très belle épreuve. Collection Didot.

119. Boullongne (Louis de). — **Fleury** (A. H. de). — **Largillière** (N. de). — **Picon** (J. B. L.). — **Polignac** (Melchior de). Cinq portraits in-fol.

Belles épreuves.

CHEREAU (JACQUES).

120. Sabran (Louise-Charlotte de Foix-Rabat, marquise de), maîtresse du Régent, d'après C. Vanloo. Petit in-fol.

Très belle épreuve. Collection Didot.

CHRÉTIEN et QUENEDEY.

121. Portraits d'hommes et de femmes, gravés au Physionotrace.
Dix petites pièces.

 Très belles épreuves.

CLAESSENS et DE FREY.

122. Les Pèlerins d'Emaüs, d'après Rembrandt. — Intérieur d'après
P. de Hooch. — Têtes d'après Rembrandt, Hals et Bol.
Cinq pièces.

 Très belles épreuves, trois sont avant la lettre.

COCHIN le FILS (Par et d'après C.-N.).

123. Pompe funèbre de Marie-Thérèse d'Espagne. — La Justice
protège les Arts. — La Fontaine enchantée de la vérité
d'amour. — Titre pour le plan général de la ville de Reims.
Quatre pièces gravées par C.-N. Cochin le fils, Saint-Aubin
Macret, Massard et Demarteau.

 Belles épreuves.

124. Concours pour le Prix de l'Étude des Têtes et de l'Expression,
fondé à l'Académie Royale par le comte de Caylus, en 1760.
(*Mlle Clairon, assise au-dessus d'une table élevée, sert de modèle
aux jeunes artistes*). Jolie pièce in-4, gravée par J.-J. Flipart.

 Très belle épreuve, à grandes marges.

125. Pièce allégorique en l'honneur de la naissance du Dauphin
(Louis XVII), par J. de Longueil, in-4.

 Très belle épreuve, à grandes marges.

COCK (JÉROME).

126. La Foi. — L'Espérance. — La Force. — La Tempérance. —
La Justice. — La Prudence. Six pièces d'après Breughel.

 Très belles épreuves.

COLLIN (Richard).

127. **Siméon** (Macaire), évêque d'Anvers, d'après Hubert Quellinus, 1669. Petit in-fol.

Très belle épreuve.

CORIOLANO (Barthélemy).

128. La Vierge et l'Enfant Jésus. — Un Géant. — L'Alliance de la
Paix et de l'Abondance. Trois clairs-obscurs, d'après le
Guide.

Très belles épreuves.

CUSTODIS.

129. **Jacques Ier**. In-8.

Belle épreuve. Collection Didot.

DALEN (Cornelis Van).

130. **Nassau** (Jean-Maurice, prince de), d'après G. Flinck. Grand
in-fol.

Très belle épreuve. Rare. Collection Didot.

131. **Sylvius** (François Deleboe), médecin. In-fol.

Deux très belles épreuves.

132. **Aretin** (Pierre). — **Boccace** (Jean). — **Piombo** (Sébastien
del). — **Barbarelli** (Georges), dit le Giorgion. Quatre
portraits d'après Titien. In-fol.

Très belles épreuves, celle du Boccace est remargée.

133. **Cloppenburch** (Jean), d'après C. ten Houte. — **Du Pré**
(Ésaïe), d'après Baudriengien. — **Hommius** (Festus),
d'après Baliu. Trois portraits in-fol.

Belles épreuves.

DAULLÉ (Jean).

134. **Pélissier** (Mlle), actrice, d'après Drouais (Del. 57). In-fol.

Très belle épreuve du 3e état, avec l'adresse de Drouais.

DAULLÉ (Jean).

135. **Saint-Simon** (Claude de), évêque de Metz, d'après H. Rigaud
(Del. 74). In-fol.

> Superbe épreuve d'un état non décrit : elle est avec la lettre, mais
avant la date de 1744.

DELFF (Willem-Jacobsz).

136. **Bavière** (Wolfgang Guillaume, duc de), d'après M. Mierevelt.
In-fol.

> Très belle épreuve.

137. **Élisabeth**, reine de Bohême, d'après M. Mierevelt. In-fol.

> Superbe épreuve.

138. **Nassau** (Ernest-Casimir, comte de), général, d'après M. Mierevelt. In-fol.

> Très belle épreuve. Collection Didot.

139. **Orange** (Philippe-Guillaume, prince d'), d'après M. Mierevelt.
In-fol.

> Très belle épreuve. Collection Didot.

140. **Oxenstierna** (Axel), chancelier de Suède, d'après Mich.
Mierevelt. In-fol.

> Superbe épreuve. Collection Mariette.

DEMARNE (Jean-Louis).

141. Paysages et Animaux. Vingt pièces.

> Très belles épreuves, plusieurs doubles.

DESPLACES (Louis).

142. **Bécaille** (Marguerite), veuve de Maximilien Titon, d'après
N. de Largillière. In-fol.

> Superbe épreuve.

DIETRICY (Charles-Guillaume-Ernest).

143. Sujets religieux et de fantaisie. — Paysages. Vingt et une pièces.

Très belles épreuves.

DREVET (Pierre).

144. **Cotte** (Robert de), architecte, d'après H. Rigaud (D. 34). In-fol.

Très belle épreuve du 3° état, avec marges.

145. Le même portrait.

Très belle épreuve du même état.

146. **Dombes** (L. A. de Bourbon, prince de), d'après F. de Troy (D. 60). In-fol.

Très belle épreuve du 2° état.

147. **Fleury** (And. Hercules, cardinal de), d'après H. Rigaud (D. 48). In-fol.

Très belle épreuve du 3° état, avec la date de 1730.

148. **Keller** (J. Balth.), commissaire général des fontes de l'artillerie de France, d'après H. Rigaud (D. 76). In-fol.

Belle épreuve du 2° état. Collection Didot.

149. **Rigaud** (Maria Serre, Mère d'Hyac.), d'après H. Rigaud (D. 110). In-fol.

Très belle épreuve du 2° état.

150. **Rigaud** (Hyacinthe), au porte-crayon, d'après lui-même (D. 112). In-fol.

Belle et fort rare épreuve du 1er état avant toutes lettres.

151. Le même portrait.

Très belle épreuve du 5° état.

DREVET (Pierre-Imbert).

152. **Cisternay du Fay** (Ch. J. de), bibliophile, d'après H. Rigaud (D. 13). In-8.

Très belle épreuve du 3° état. Collection Didot.

DREVET (Pierre-Imbert).

153. **Le Blanc** (Claude), homme d'État, d'après A. Le Prieur (D. 23),
In-4.

> Très belle épreuve du 2ᵉ état, à grandes marges. Collection Didot.

154. **Orléans** (Louis, duc d'), fils du Régent, d'après Ch. Coypel
(D. 21). In-4.

> Très belle épreuve du 1ᵉʳ état, avec marges.

155. **Sainte-Marthe** (Denis de), historien, d'après J. Cazes (D. 30).
In-fol.

> Très belle épreuve. Collection Didot.

DREVET (Claude).

156. **Calvairac** (F. Pierre), d'après Adr. le Prieur. In-fol.

> Très belle épreuve.

157. **Oswald** (Henri), cardinal d'Auvergne, d'après H. Rigaud
(D. 12). In-fol.

> Très belle épreuve.

158. **Besenval** (J. V., baron de), d'après J. A. Meissonier (D. 7).
— **Vintimille** (Ch. G. G. de), d'après H. Rigaud (D. 14).
Trois portraits.

> Belles épreuves, une est en double.

DREVET (Les).

159. **Gillet** (Pierre). — **Keller** (J. B.). — **Couvay** (P. N.). — **Tres-
san** (L. de la Vergne de). — **Le Gendre** (Louis). Cinq
portraits.

> Bonnes épreuves.

DUCHANGE (Gaspard).

160. **Coypel** (Antoine), peintre et sa Fille. — **Girardon** (François),
sculpteur, d'après H. Rigaud. — **La Fosse** (Charles de),
peintre, d'après H. Rigaud. Trois portaits in-fol.

> Très belles épreuves.

DUJARDIN (Karel).

161. Animaux et Paysages. Cent deux pièces.
> Bonnes épreuves, un certain nombre de doubles.

DURER (Albert).

162. La Face de Jésus-Christ (B. 26). Petit in-4.
> Belle épreuve.

163. Le Petit Cheval (B. 96). In-4.
> Belle épreuve.

164. Le Grand Cheval (B. 97). In-4.
> Belle épreuve.

165. Les Armoiries à la tête de mort (B. 101). In-4.
> Belle épreuve, légèrement rognée.

166. **Mayence** (Albert, électeur de) (B. 103). In-8.
> Belle épreuve.

167. Samson tuant le lion (B. 2 des Bois). In-fol.
> Belle épreuve. Collection Didot.

168. La Passion de Jésus-Christ (B. 16-52). Suite de trente-sept estampes, dit la *Petite Passion*.
> Bonnes épreuves. Il nous manque le titre.

169. Saint Joachin embrasse sainte Anne sous la porte d'or (B. 79). In-fol.
> Très belle et rare épreuve, avec le texte latin au verso.

170. La Sainte Famille (B. 97). In-4.
> Très belle épreuve. Collection Didot.

171. La Vierge assise dans une chambre voûtée (B. 100). In-4.
> Belle épreuve.

172. La Vierge assise tenant une pomme (B. 101). In-fol.
> Belle épreuve. Collection Didot.

173. Huit Saints Patrons d'Autriche (B. 116). Petit in-fol.
> Très belle épreuve du 2ᵉ état. Rare. Collection Didot.

DURER (ALBERT).

174. Le Jugement universel (B. 124). In-4.

Belle épreuve.

175. La Décollation de Saint-Jean-Baptiste (B. 125). In-4.

Très belle épreuve. Collection Galichon.

176. La Vierge à la couronne d'étoiles. — Le Martyre des dix mille saints. — Sainte Catherine. — Saint Hubert. — Samson et le lion. — La Mélancolie, etc.

Trente pièces, originaux et copies, plusieurs doubles.

DUSART (CORNEILLE).

177. Le Chirurgien de village (B. 13). — Le Violon assis (B. 15). — La Fête de village (B. 16). — *Le Baux désir*, gravé par J. Gole,. d'après Dusart. Six pièces.

Belles épreuves, deux doubles.

DYCK (ANTOINE VAN).

178. **Breughel** (Jean), dit de Velours, peintre (Dutuit, 1).

Très belle et rare épreuve du 4ᵉ état avec les lettres G. H., mais avant le fond terminé.

179. **Breughel** (Pierre), dit le Drôle, peintre (D. 2). — **Franck** François), peintre (D. 5). Deux portraits.

Très belles et anciennes épreuves, à grandes marges.

180. **Dyck** (Antoine van), peintre (D. 3).

Deux épreuves du 3ᵉ état. la date de 1645 effacée, dont l'une, très belle, de la collection Didot.

181. **Erasme** (Didier), de Rotterdam (D. 4).

Très belle épreuve du 4ᵉ état.

182. **Leroy** (Philippe), baron, seigneur de Ravels (D. 6).

Très belle et rare épreuve du 7ᵉ état avant le changement dans l'inscription. On lit : Philippus Baro de Le Roy... au lieu de : Philippus Baro Le Roy. Collection Didot.

DYCK (ANTOINE VAN).

183. **Momper** (Josse de), peintre (D. 7). — **Noort** (Adam van), peintre (D. 8). — **Pontius** (Paul), graveur (D. 9). — **Snellincx** (Jean), peintre (D. 10). Quatre portraits.

> Belles et anciennes épreuves.

184. **Vorstermann** (Lucas), graveur (D. 13).

> Très belle épreuve du 5e état.

185. **Snyders** (François), peintre (D. 11). — **Suttermans** (Juste), peintre (D. 12). — **Vos** (Guillaume de), peintre (D. 14). — **Wael** (Jean de), peintre (D. 16). Quatre portraits.

> Belles et anciennes épreuves avec grandes marges.

186. **Vos** (Paul de), peintre (D. 15).

> Très belle épreuve du 4e état, avec les lettres G. H.

187. **Cornelissen** (Antoine), amateur (D. 17). — **Momper** (Josse de), 2e planche (D. 19). — **Triest** (Antoine), évêque de Gand (D. 22). — **Wouwer** (chevalier Jean van der), conseiller (D. 23). Quatre portraits.

> Belles et anciennes épreuves.

DYCK (D'après ANTOINE VAN).

188. **Aremberg** (Albert, comte d'), prince de Barbanson (D. 25).

> Belle et très rare épreuve du 2e état, avant la correction aux mots BARBANSON et AEIGREMONTAN.

189. **Brouwer** (Adrien), peintre (D. 27).

> Très belle et très rare épreuve du 5e état, avant la 3e ligne et avant les initiales G. H. Collection Didot.

190. **Vrancx** (Sébastien), peintre (D. 31).

> Très belle et rare épreuve du 3e état, avec le nom du graveur.

191. **Hondius** (Guillaume), graveur (D. 35).

> Très belle épreuve du 4e état avec les lettres G. H., à grandes marges. Collection Didot.

192. **Howard** (Lady Catherine), duchesse de Lenox (D. 36).

> Très belle épreuve du 2e état. Rare.

DYCK (D'après Antoine van).

193. **Halmalius** (Paul), sénateur d'Anvers (D. 39).

Très belle et très rare épreuve du 3e état avec le nom du graveur.

194. **Poelenburg** (Corneille), peintre (D. 42).

Belle et très rare épreuve du 1er état, avant le nom du graveur. Collection Didot.

195. **Puteanus** (Erycius), historiographe (D. 43).

Très belle et rare épreuve du 3e état, avec le nom du graveur.

196. **Baelen** (Henri van), peintre (D. 48).

Superbe épreuve du 4e état avec les lettres G. H., à grandes marges.

197. **Bazan** (Don Alvar), général (D. 49). — **Nassau** (Jean, comte de). (D. 63). Deux portraits.

Belles épreuves avec l'adresse de Mart. van den Enden.

198. **Frockas Pereira Pimentel** (don Emmanuel) (D. 53).

Très belle et très rare épreuve du 2e état avec l'adresse de Martin van den Enden. Collection Didot.

199. **Geest** (Corneille van der), amateur (D. 54).

Très belle et rare épreuve du 3e état, avec le nom du graveur.

200. **Médicis** (Marie de), reine de France (D. 60). — **Seghers** (Gérard), peintre (D. 71). — **Vos** (Simon de), peintre (D. 75). — **Gerbier** (Balthazar). (D. 164). Quatre portraits.

Belles épreuves, dont deux avec les lettres G. H.

201. **Miræus** (Aubert), de Bruxelles (D. 61).

Deux très belles et rares épreuves des 1er et 2e états.

202. **Palamedes** (Palamedesz), peintre (D. 64).

Très belle et rare épreuve du 3e état, avec le nom du graveur.

203. **Savoie** (François-Thomas de), prince de Carignan (D. 69).

Très belle épreuve du 2e état, avec l'adresse de Mart. Van den Enden. Collections Mariette et Didot.

204. **Stalbent** (Adrien van), peintre (D. 72).

Très belle et rare épreuve du 4e état avec le nom du graveur.

DYCK (D'après Antoine van).

205. **Wildens** (Jean), peintre (D. 76).

Très belle et rare épreuve du 2e état, avec le nom du graveur. Collection Didot.

206. **Delmont** (Déodat), peintre (D. 85).

Très belle et rare épreuve du 3e état, à grandes marges.

207. **Dyck** (Antoine van), peintre (D. 86), 4e état. — **Vos** (Corneille de), peintre (D. 100), 1er état. Deux portraits.

Bonnes épreuves.

208. **Jode** (Pierre de), le Vieux, graveur (D. 91).

Belle et rare épreuve du 3e état, avec le nom du graveur.

209. **Spinola** (Don Ambroise), général espagnol (D. 98).

Très belle épreuve du 1er état. Collections Camberlyn et Didot.

210. **Uden** (Lucas van) peintre et graveur (D. 99).

Très belle épreuve du 2e état, à grandes marges.

211. **Blois** (Jeanne de) (D. 105). — **Montfort** (Jean de). (D. 141) 2e état avant l'adresse de *J. de Man*. Deux portraits.

Très belles épreuves. Collection Didot.

212. **Rockox** (Nicolas), ancien conseiller de la ville d'Anvers (D. 117).

Cinq très belles épreuves des 1er, 4e, 5e, 6e et 7e états.

213. **Moncade** (François de), marquis d'Aytone (D. 119).

Très belle et rare épreuve du 3e état, avant : *Cum privilegio*, et avant les lettres G. H.

214. **Bourbon** (Antoine de), légitimé de France (D. 122). — **Urfé** (Honoré d') (D. 124). Deux portraits.

Belles épreuves du 2e état, avec l'adresse de J. Meysens.

215. **Barlemont** (Marie-Marguerite de), comtesse d'Egmont (D. 147).

Très belle et rare épreuve du 2e état, avec l'adresse de Meyssens.

216. **Croy** (Marie-Claire de), duchesse de Havré (D. 151).

Très belle et rare épreuve du 1er état.

DYCK (D'après Antoine van).

217. **Simons** (Quintin), peintre (D. 182).

> Deux très belles épreuves des 1ᵉʳ et 2ᵉ états.

218. **Buckingham** (Georges Villiers, duc de), gravé par Ch. Heath. Petit in-fol.

> Très belle épreuve avant la lettre. Collection Didot.

219. **Charles Iᵉʳ**, roi d'Angleterre. — **Henriette de France**, son épouse. Deux portraits in-fol., faisant pendants, gravés par Pierre de Jode.

> Très belles épreuves. Collection Didot.

220. Les Comtes et Comtesses, douze portraits gravés par Pierre Lombart.

> Belles épreuves, la plupart sans marges ; on y a joint deux doubles.

221. Princes, Généraux, Savants, Artistes. Quatre-vingts portraits gravés par Bolswert, Pontius, Vorsterman et autres, pour l'Iconographie.

> Belles épreuves, plusieurs doubles avec l'adresse de Mart. van-den Enden et les initiales de G. Hendrix.

222. Princes, Généraux, Amateurs, Artistes. Soixante-treize portraits gravés par Bolswert, Pontius, Meyssens, Lommelin, Voerst, etc.

> Belles épreuves.

EARLOM (Richard).

223. La Forge (A Blacksmith's Shop), d'après Joseph Wright. Grand in-fol.

> Très belle épreuve, rare.

EAUX-FORTES ANCIENNES

224. Paysages. Cinquante pièces gravées par Klengel, Milatz, Kobell, Gessner, Mechau, Erhard, etc.

> Belles épreuves.

225. Paysages. — Marines. — Animaux. Soixante-cinq pièces gravées par Almelooven, Cuyp, van Goyen, Aken, Hackert, etc.

> Belles épreuves.

ÉCOLE ANCIENNE

226. La Cène. — La Descente de croix. — La Résurrection. — Martyre de saint Pierre et de saint Paul. — Chute de Phaeton. — Sacrifice à Priape, etc. Douze pièces gravées par G. Ghisi, A. Andréani, le maître au Dé, J. Bonasone, M. Meyer.

Belles épreuves.

227. Sujets divers et Paysages. Dix-sept pièces in-4 d'après Rembrandt, Rubens, Jordaens, Teniers, Berghem et autres, par Bolswert, Pontius, Huret, Schmidt, Vargas, Joullain, etc.

Belles épreuves, plusieurs sont avant la lettre.

228. Paysages par A. van-der Cabel, Genoels, Manglard, Bauduins, etc. Soixante-dix-sept pièces.

Belles épreuves.

ÉCOLE FRANÇAISE (XVIIIe SIÈCLE).

229. Sujets divers et Paysages. Douze pièces in-8 et in-4, par H. Robert, Eisen, Demarteau, Demonchy et autres.

Belles épreuves.

230. Le Prélude amoureux. — La Félicité villageoise. — L'Heureuse fécondité. — Le Coucher. — Roman comique. — Vue des environs de Paris, etc. Douze pièces d'après Fragonard, Pater, Vanloo, L. G. Moreau et autres.

Bonnes épreuves.

EDELINCK (GÉRARD).

231. Saint Charles Borromée, prosterné au pied d'un crucifix, d'après Ch. Le Brun (R. D. 29). In-fol.

Superbe épreuve du 4e état avec les mots : rue du Foin.

232. **Arnauld d'Andilly** (Robert), d'après Ph. de Champaigne (R. D. 142). In-fol.

Belle épreuve du 2e état, avant la correction au 3e vers.

EDELINCK (Gérard).

233. **Bertier** (Antoine-François de), évêque de Rieux (R. D. 148).
Petit in-fol.

> Très belle épreuve.

234. **Bertin** (Pierre-Vincent), d'après N. de Largillière (R. D. 149).
In-fol.

> Très belle épreuve du 4ᵉ état. Collection Didot.

235. **Bloemaert** (Abraham), peintre (R. D. 155). — **Bouc** (P. van),
peintre (R. D. 157). Deux portraits.

> Très belles épreuves. Collection Didot.

236. **Bossuet** (Jacques Benigne), d'après H. Rigaud (R. D. 156).
Petit in-fol.

> Très belle épreuve du 1ᵉʳ état, avec grandes marges.

237. **Carcavy** (Pierre de), d'après Testelin (R. D. 163). In-fol.

> Belle épreuve.

238. **Champaigne** (Philippe de), d'après lui-même (R. D. 164).
In-fol.

> Belle épreuve du 2ᵉ état, avant le trait échappé.

239. **D'Hozier** (Charles), généalogiste, d'après H. Rigaud (R. D.
184). In-fol.

> Belle épreuve du 2ᵉ état (seul décrit) ; au lieu de : âgé de 51 ans, on
> lit : âgé de 50 ans. Collection Didot.

240. Le même portrait.

> Belle épreuve avec marges.

241. **Ferdinand**, prince-évêque de Paderborn et de Munster,
d'après Ch. Le Brun (R. D. 203). In-fol.

> Superbe épreuve du 1ᵉʳ état, avec grandes marges. Collection Robert-
> Dumesnil.

242. **Mouton** (Ch.), musicien de Louis XIV, d'après F. de Troy
(R. D. 281). In-fol.

> Très belle épreuve du 4ᵉ état, avec les quatre vers français et avant
> l'adresse de Buldet. Collections Camberlyn et Didot.

243. **Santeuil** (Jean-Bapt.), d'après Du Metz. In-fol.

> .Belle épreuve du 2ᵉ état, avant toute adresse.

EDELINCK (Gérard).

244. Silvestre (Israël), graveur, d'après Ch. Le Brun (R. D 319).
In-fol.

Très belle épreuve du 3ᵉ état. Collections Mariette et Didot.

245. Blanchard (J.), d'après lui-même (R. D. 154). — **Du Vair** (G.)
(194). — **Lamoignon** (Guil. de), d'après Nanteuil (233). —
Le Fevre (Nic.) (240). — **Marca** (P. de) (269). — **Mellan**
(Claude) (292). — **Ponchartrain** (Phelippeaux de) (300). —
Rigault (Nic.) d'après Bonet (304). — **Sainte-Marthe**
(Scevole de) (309). — **Santeul** (J.-B.), d'après La Grange
(312). Treize portraits in-4.

Très belles épreuves.

246. Carcavy (P. de), d'après Testelin (R. D. 163). — **Champaigne**
(Ph. de), d'après lui-même (R. D. 164). — **Du Laury**,
d'après Van Oost (R. D. 188). — **Fagon** (G.C.), d'après
H. Rigaud (R. D. 200) — **Furetière** (Ant.), d'après De Sève
(R. D. 109). — **Montarsis** (P. de), d'après Coypel (R. D. 277).
— **Perrault** (Ch.), d'après Tortebat (R. D. 292). Sept portraits.

Belles épreuves.

247. Du Laury (R.), d'après Van Oost (R.D. 188). — **Goltzius** (H.),
graveur (R. D. 216). — **Le Tellier** (Michel), d'après F. Voet
(R. D. 245). — **Marca** (P. de), archevêque de Paris (R. D.
269). — **Pithou** (Fr.) (R. D. 298). — **Teissier** (Eustache),
d'après A. Bouys (R.D. 325). Six portraits.

Belles épreuves.

248. Fléchier (Esprit), d'après H. Rigaud (R. D. 205). — **Le Tellier**
(Michel), chancelier de France (R. D. 243, 244). — **Le Tel-
lier** (C. M.) (R. D. 245). — **Saint-Evremond** (Ch. de)
(R. D. 306). — **Sainte Marthe** (Claude de) (R. D. 308). —
Vérien (Nicolas), d'après Jouvenet (R.D. 335). Sept portraits.

Belles épreuves.

249. Fléchier (Esprit), d'après H. Rigaud (R. D. 205). — **Sainte-
Marthe** (Claude de), d'après Jouvenet (308). — **Savary**
(Jacques), d'après Coypel (314). — **Verien** (Nicolas), d'après
Jouvenet (345). Quatre portraits.

Très belles épreuves.

FAITHORNE (Guillaume).

250. **Rous** (Francis), prévôt du collège d'Eton. In-4.
Très belle épreuve. Collections Debois et Didot.

251. **Élisabeth**, reine d'Angleterre, assise entre lord **Burleigh** et sir W. **Walsingham**. — **Macé** (Th.), clerc du collège de Canterbury, d'après H. Cooke. Deux portraits.
Très belles épreuves. Collection Didot.

FALCK (Jérémie).

252. **Brahe** (Pierre), sénateur suédois. In-fol.
Belle épreuve. Collection Didot.

253. **Dilgerus** (Daniel), ministre à Dantzig, d'après S. Wagener. In-fol.
Superbe épreuve de la collection Didot.

254. **Duglas** (Rupert), général suédois, d'après D. Beck. In-fol.
Très belle épreuve de la collection Didot.

255. **Hammerstein** (D.), général suédois, d'après D. Beck. In-fol.
Superbe épreuve de la collection Didot.

256. **Konigsmark** (Jean-Christophe de), général suédois, d'après D. Beck. In-fol.
Superbe épreuve de la collection Didot.

257. **Wittemberg** (A.), sénateur suédois, d'après D. Beck. In-fol.
Superbe épreuve des collections Camberlyn et Didot.

FER (N. de) et SILVESTRE (Israel).

258. Plan de la Ville de Rome 1715. — Vue de Saint-Pierre de Rome. Deux pièces in-fol.
Belles épreuves.

FERDINAND (Louis-Élie) le père.

259. **Poussin** (Nicolas), d'après V. E. In-4.
Très belle épreuve.

FESSARD (Mathieu-Claude).

260. Le Mausolée de Marie-Thérèse, composition allégorique, d'après P.-L. Durand. In-fol.

Très belle épreuve avec marges.

FICQUET (Étienne).

261. **Arioste. — Chennevière. — Corneille. — Crébillon. — Descartes. — Eisen. — Fénelon. — La Fontaine** (2 portraits). **— La Mothe Le Vayer. — Maintenon** (Mme de). **— Molière. — Montaigne. — Regnard. — Rousseau** (J.-B. et J.-J.). **— Voltaire.** Dix-neuf portraits in-8.

Bonnes épreuves.

FIESINGER (Gabriel).

262. **Mirabeau** (H.-.G), célèbre orateur, d'après J. Guérin, 1793. In-fol.

Belle épreuve imprimée en bistre.

263. **Bernadotte. — Desaix. — Regnier. — Sainte-Suzanne.** Quatre portraits ovales, petit in-fol., d'après J. Guérin.

Très belles épreuves.

FLAMEN (Albert).

264. Diverses espèces d'oiseaux (R. D. 389-401, 1er état). Suite de treize pièces. — Vues des environs de Paris. — Paysages. Vingt-neuf pièces.

Belles épreuves.

FLERS (Camille).

265. Le Paysage au laboureur. Eau-forte. Petit in-4.

Très belle épreuve, rare.

FRAGONARD (Honoré).

266. Les Quatre Bacchanales (P. de B. 5-8). Suite de quatre pièces in-4.

Belles épreuves.

FRAGONARD (HONORÉ).

267. Sujets religieux et allégoriques d'après les maîtres italiens.
Dix-sept pièces.

Belles épreuves.

FRAGONARD (D'après HONORÉ).

268. La Fontaine d'Amour, gravée par N.-F. Regnault. In-fol.

Très belle épreuve avant la lettre, doublée.

FRUYTIERS (PHILIPPE).

269. Capello (Marius-Ambroise), évêque d'Anvers. — Edelheer
(Jacob), ambassadeur. — Wendelin (Godefroy). Trois portraits.

Belles épreuves.

GALLE LE JEUNE (CORNEILLE).

270. Léopold-Guillaume, archiduc d'Autriche, d'après A. van
den Heuvele. In-fol.

Deux très belles épreuves des 1er et 2e états, de la collection Didot

GAUCHER (CHARLES-ÉTIENNE).

271. Le Bas (A la mémoire de Jacques-Philippe), graveur, d'après
C.-N. Cochin fils. In-8.

Très belle épreuve avant la légende : Le Génie du Dessin.....

272. Carondelet (Jean-Louis, baron de), d'après De Pasche. —
Cossé-Brissac (J.-P. Timoléon de), d'après Pougin de
Saint-Aubin. — Saint-Marc (J.-P. André de), d'après
Danloux. Trois portraits.

Belles épreuves.

GAULTIER (LÉONARD).

273. Le Jugement dernier, d'après Michel-Ange.

Très belle épreuve.

GAULTIER (Léonard).

274. Ayrail (Pierre), 1615. — **Montpensier** (Henri, duc de). Deux portraits.

Très belles épreuves, avec marges.

275. Chenu (Jean), avocat au Parlement de Paris, 1620. In-8.

Très belle épreuve.

276. Henri IV, roi de France. In-8.

Très belle épreuve d'une pièce rare.

277. Henri IV, frontispice pour un ouvrage de J.-A. de Thou, 1606. Petit in-fol.

Très belle épreuve.

278. Le Fèvre de la Boderie (Nicolas), précepteur de Louis XIII. In-8.

Très belle épreuve. Rare. Collection Didot.

279. Longueville (Henri II d'Orléans, duc de). In-8.

Belle épreuve. Collection Didot.

280. Pasquier (Étienne), 1617. Petit in-fol.

Très belle épreuve. On y a joint la copie par Jaspar Isaac.

GELLÉE (Claude), dit *Claude le Lorrain*.

281. La Tempête (R. D. 5).

Belle épreuve du 4e état avec le n° 1, mais avant : n° 44, p. 11.

282. Le Dessinateur (R. D. 9).

Très belle épreuve du 2e état.

283. Le Port de mer à la grosse tour (R. D. 13).

Très belle épreuve du 2e état, avec le n° 9, mais avant que les angles soient arrondis.

284. Le Pont de bois (R. D. 14).

Très belle épreuve du 2e état, avant le n° 10. Collections Robert-Dumesnil, Camberlyn et Didot.

285. La même estampe.

Belle épreuve du 4e état.

GELLÉE (CLAUDE), dit *Claude le Lorrain.*

286. Le Départ pour les champs (R. D. 16).

      Belle épreuve avec le numéro.

287. La Fuite en Égypte (R. D. 1). — Le Troupeau à l'abreuvoir
(R. D. 4). — La Danse sous les arbres (R. D. 10). — Mercure
et Argus (R. D. 17). — Les Quatre Chèvres (R. D. 27). Cinq
pièces.

      Belles épreuves.

GHEYN (JACOB DE).

288. **Duym** (Jacob), de Louvain. — **Patient** (Victor), âgé de
25 ans. Deux portraits in-8.

      Très belles épreuves. Collection Didot

289. **Cosme II** de Médicis. — **Paléologue** (Jean), empereur de
Byzance. — **Sforza** (Fr.), marquis de Crémone. — **Mala-
testa**, de Rimini. Suite de quatre portraits in-8.

      Très belles épreuves. Collection Didot.

290. **Marnix** (Ph. de), seigneur de Sainte-Aldegonde, âgé de
58 ans, 1599. In-8.

      Très belle épreuve. Collection Didot.

GILLOT (CLAUDE).

291. Le Sabbat. Deux pièces faisant pendants.

      Très belles épreuves. Collections Robert-Dumesnil et Bouillard.

292. La Vie du satyre : La Naissance — l'Éducation — le Mariage — les Obsèques. Suite de quatre pièces.

      Très belles épreuves.

293. Les Quatre Ages de la vie d'un Satyre. Suite de quatre planches.
— Les Passions, suite de quatre planches. Huit pièces.

      Très belles épreuves.

GOLTZIUS (Henri).

294. Les Chefs-d'œuvre. Suite de six estampes dans le goût de
divers maîtres (B. 15-20). Six pièces in-fol.

> Très belles épreuves ; le n° 19 est double, mais notre suite est
> incomplète d'une planche (n° 3 de la suite).

295. La Passion de Jésus-Christ (B. 27-38). Suite de douze pièces.

> Belles épreuves (le n° 1 est une copie). On y a joint sept pièces
> doubles.

296. Mars et Vénus surpris par les Dieux (B. 139). In-fol.

> Très belle épreuve.

297. **Boll** (Jean), peintre (B. 161). In-4.

> Deux très belles épreuves.

298. **Decker** (Catherine) (B. 210). In-8.

> Très belle épreuve du 3° état, avec les éraillures sur la planche.
> Collection Didot.

299. **Galle** (Philippe), graveur (B. 170). In-4.

> Très belle épreuve du 2° état, avec la lettre. Collection Didot,

300. **Henri IV**, roi de France (B. 173). In-fol.

> Superbe épreuve du 2° état, l'adresse de Paul de la Houve effacée.

301. **La Faille** (Cornelia Capellen, épouse de) (B. 213).

> Superbe épreuve du 2° état. Collection Didot.

302. **Zurenus** (Jean), âgé de 71 ans (B. 189). In-8.

> Superbe épreuve du 2° état, avant l'écusson. Collection Didot.

303. Le même portrait.

> Très belle épreuve du 3° état, avec l'écusson. Collection Didot.

304. Les Compagnons de Cadmus dévorés par un dragon, d'après
C. Cornelis (B. 262). Petit in-fol.

> Superbe épreuve. Collection Bouillard.

305. Sujets religieux et mythologiques. — Allégories. Quarante-
trois pièces gravées par Goltzius ou d'après lui par Saenre-
dam.

> Bonnes épreuves.

GOUDT (Henri, comte de).

306. Cérès cherchant sa fille, d'après Adam Elzheimer. Petit in-fol.

Superbe épreuve; on y a joint la copie par W. Hollar. Deux pièces.

GRAVELOT (D'après Hubert).

307. Vignettes pour les Œuvres de Pierre Corneille. Vingt-sept pièces gravées par Flipart, Le Mire, Prévost, etc.

Très belles épreuves avec entourages.

GREUTER (Mathias).

308. **Hanovre** (Philippe, comte de), 1593. Petit in-fol.

Très belle épreuve de la collection Mariette. Rare.

GREUZE (D'après Jean-Baptiste).

309. Étude du tableau de la Dame de Charité, gravée par J. Massard, 1772. Petit in-4.

Très belle épreuve.

310. L'Accordée de Village, gravée par J.-J. Flipart. In-fol.

Très belle épreuve, signée au verso : Greuze et Flipart. Collection Didot.

311. La Dame bienfaisante, gravée par J.-B. Massard. In-fol.

Très belle épreuve, signée au verso par les artistes. Collection Didot.

312. La Mère bien-aimée, gravée par J. B. Massard. In-fol.

Très belle épreuve, signée au verso par les artistes. Collection Didot.

313. Le Paralytique servi par ses enfants, gravé par J.-J. Flipart. In-fol.

Très belle épreuve, signée au verso par les artistes. Collection Didot.

314. *1er Cahier de Têtes de différens Caractères, Dessinées par J.-B. Greuse Peintre du Roi.* Suite de six petites pièces gravées par P. C. Ingouf.

Très belles épreuves.

GRIGNON (Jacques).

315. **Malier** (Franc.), évêque de Trêves. — **Montpezat de Car-
     bon** (Jean de). — **Vallot** (Antoine). — Trois portraits in-fol.
     Très belles épreuves.

HEYDEN (Jacques de).

316. **Nasser** (Bartholomé), pasteur de Leyde. — **Mugius** (Sébas-
     tien). — **Opit** (Martin). — **Postulat** (J. G.) — **Wurtemberg**
     (Frédéric-Achille, duc de). — **Wurtemberg** (Jean Fré-
     déric, duc de). Six portraits.
     Très belles épreuves.

HOLBEIN (D'après Hans).

317. **Erasme** (Didier) de Rotterdam. In-fol.
     Très belle épreuve de la collection Didot, où cette pièce est donnée
     à tort à Samuel Ampzing, auteur des vers.

HOLLAR (Wenceslas).

318. **Altoviti** (Bindo). — **Arétin** (Pierre), deux portraits diffé-
     rents. — **Barbaro** (Daniel). — **Charles I**er en prière. —
     Colonna (Vittoria). — **Durer** (Albert). — **Reede** (Jean de).
     — **Wyngaerde** (F. Van-den). — **Zumjungen** (Jean-Maxi-
     milien). Douze portraits.
     Très belles épreuves.

319. Paysages. — Animaux. — Marines. Cent vingt-sept pièces
     in-8 et in-4.
     Très belles épreuves.

HONDIUS (Guillaume).

320. **Elisabeth**, reine de Bohême. In-fol.
     Superbe épreuve.

321. **Isabelle-Claire-Eugénie**, Infante d'Espagne, d'après Ant.
     Van Dyck. — **Nassau** (Guillaume de), général, d'après
     E. Van der Maes. Deux portraits in-fol.
     Très belles épreuves.

HOPFER (JÉROME).

322. La Déesse titulaire de la ville de Rome (B. 37). — L'Enlèvement (B. 42). Deux pièces in-4.

Belles épreuves, la première avant le numéro.

HOUBRAKEN (JACQUES).

323. Son propre portrait, à l'âge de 51 ans, d'après J. M. Quinkhard.
In-fol.

Très belle épreuve.

324. **Coligny** (Louise de), princesse d'Orange. — **Hoorn** (Jacob
van). Deux portraits.

Très belles épreuves. Collections Behague et Didot.

325. **Coster** (Samuel), fondateur du théâtre d'Amsterdam. In-8.

Très belle épreuve du 1er état, avant toutes lettres. Collection Didot.

326. **Cromwell** (Thomas), comte d'Essex, d'après Holbein. In-fol.

Très belle épreuve de la collection Didot.

327. **Finch** (Daniel), comte de Nottingham, d'après G. Kneller.
In-fol.

Très belle épreuve du 1er état, avant toutes lettres, de la collection
Didot.

328. **Barbeyracius** (Jean), d'après Wandelaar. — **Burmann**
(Jean), d'après Quinkhard. — **Coligny** (Louise de), épouse
de F. H., prince d'Orange, d'après Mirevelt. — **Buckingham** (Georges de Villiers, duc de), d'après Johnson. Quatre
portraits in-fol.

Très belles épreuves.

329. **Burmann** (François), d'après Quinkhardt. — **Orange** (Jean
Guill. Frisio, prince d'), d'après Quiter. — **Marie-Louise
de Hesse**, épouse du précédent. — **Marie Stuart**, reine
d'Écosse. — **Howard** (Thomas), duc de Norfolk. — **Col-
len** (Ferd. Van). — **Burmann** (Jean), d'après Quinkhardt.
— **Drakenborch** (Arnold). — **Gerdes** (Daniel). Neuf portraits in-fol.

Très belles épreuves, dont une avant toutes lettres.

HOUBRAKEN (Jacques).

330. **Goes** (A. van der). — **Oostenryk** (Marguerite van). —
Buxtorf (A. J.). — **Rücker** (J. C.). — **Kuiper** (Jan). —
Kulmus (Jean-Adam). Huit portraits.

   Belles épreuves, une est avant toutes lettres.

331. **Hooft** (P. Cornelisz), d'après Mierevelt. — **Russel** (F.). —
Thomas Howard, comte de Surrey. — **Amélie de
Solms**, d'après G. Honthorst. Quatre portraits.

   Très belles épreuves.

HULLE (D'après Anselme van).

332. Portraits des Légats au traité de paix universelle, 1648 :
Bergaigne (Joseph de). — **Crane** (J. de). — **Cratz** (H. E.).
— **Cuyermans** (Jean). — **De Brun** (Ant.). — **Erskein**
(Alex.). — **Gobel** (C.). — **Heider** (V.). — **Kress** (J.-C.).
— **Lambergh** (J.-M. comte de). — **Leitao** (F. de Andra-
da). — **Matenesse** (J. de). — **Merckelbach** (J. G. de). —
Nerli (F.). — **Pauw** (Adr.). — **Peregrini**. — **Puech**
(J. G., baron de). — **Raigersperg** (N. G. de). — **Sain**
(J., comte de). — **Salvius** (J.-A.). — **Todenwartt**
(J. J. Wolff de). Vingt-trois portraits gravés par Pontius,
C. Galle, P. de Jode et Borrekens.

   Très belles épreuves, la plupart avant les numéros.

HURET (Grégoire).

333. **Mazarin** (Julio), cardinal. — **Ventadour** (L. H. de), évêque
de Mirepoix. Deux portraits in-fol.

   Très belles épreuves. Collections Robert-Dumesnil et Didot.

JEGHER (Christoffel).

334. Silène ivre soutenu par un Satyre et un Faune, d'après P. P.
Rubens. In-fol.

   Belle épreuve. Collection Didot.

JODE LE JEUNE (Pierre de).

335. **Lipse** (Juste), d'après Abr. Janssens. In-fol.

> Très belle épreuve. Collection Didot.

KILIAN (Lucas et Wolfgang).

336. **Velser** (Jean). — **Ilsung** (Christophe). — **Traytorrens** (Franç. de). — **Durer** (Albert). — **Madrucio** (Hélène, baronne de). — **Fugger** (Mathias). Huit portraits.

> Belles épreuves.

KLEIN (Jean-Adam).

337. Figures, Paysages et Animaux. Vingt-cinq pièces.

> Très belles épreuves.

KRUG (Louis).

338. L'Adoration des Rois (B. 2). In-8.

> Belle épreuve.

LASNE (Michel).

339. **Callot** (Jacques). — **Metezeau** (Clément), constructeur de la digue de la Rochelle. — **Neufville** (Nicolas de). — **Strozzi** (B.). — **Tremblet** (Barthélemy), sculpteur. Cinq portraits.

> Belles épreuves.

LAUTENSACK (Hans-Sebald).

340. **Freiberg d'Aschau** (B. 5). In-4.

> Très belle épreuve d'une pièce fort rare. Collection Didot.

LECLERC (Sébastien).

341. Entrée d'Alexandre dans Babylone. — Sujets religieux. — Sujets de genre. — Batailles. — Fantaisies. — Paysages. — Vignettes, etc. Trois cent dix pièces.

> Très belles épreuves.

LEONI (Ottavio).

342. Braccolini dell'Alpi (Francesco), 1626 (B. 22). In-12.

Très belle épreuve d'une pièce très rare.

343. Leoni (Ottavio), peintre (B. 6). — **Baglioni** (Jean), peintre (B. 14). — **Barberini** (F. Ant.), cardinal (B. 16). — **Barberini** (François), cardinal (B. 17). — **Barbieri** (J. F.), peintre (B. 18). — **Bracciano** (Paul Jordan II, duc de) (B. 20). — **Cesare** (Joseph), d'Arpino (B. 23). — **Ciabera** (Gabriel), 1625 (B. 24). — **Marinus** (J. B.) (B. 30). — **Pauli** (P. F.) (B. 32). — **Provenzale** (Marcel) (B. 33). — **Qualiatus** (P.) (B. 34). — **Roncalli** (Christ.) (B. 35). — **Savoie** (Maurice de) (B. 36). — **Stilianus** (Th.) (B. 37). — **Tempesta** (Ant.), (B. 38). — **Urbain VIII**, pape (B. 40). Vingt-deux portraits in-8.

Très belles épreuves.

LEU (Thomas de).

344. Caron (Antoine), peintre (R. D. 330). In-8.

Très belle épreuve du 1er état (seul décrit) avant le trait échappé traversant le visage.

345. Anjou (François de France, duc d') (R.-D. 296). — **Vendôme** (Charles de Bourbon, cardinal de) (R. D. 500). — **Saint Charlemagne** (R. D. 336). Trois portraits.

Belles épreuves.

LEYDE (Lucas Dametz, dit Lucas de).

346. Joseph et la femme de Putiphar (B. 20). — Baptême de Jésus-Christ (B. 40). — Le poëte Virgile suspendu dans un panier (B. 136). — Les Deux Musiciens, (B. 155). Quatre pièces.

Belles épreuves.

347. L'Opérateur (B. 157). In-8.

Très belle épreuve. Collection Didot.

LEYDE (Lucas Dametz, dit Lucas de).

348. Jésus-Christ et les Apôtres (B. 86-99). Suite de quatorze petites pièces (il nous manque le n° 99).

Belles épreuves, une est en double.

LOMBART (Pierre).

349. **Chassebras** (Gabriel). — **Gomont** (Jean de). — **Saint-Sorlin**. Trois portraits.

Très belles épreuves, la dernière avant toutes lettres.

LOUTHERBOURG (Philippe-Jacques).

350. Les Quatre Heures du jour. — Tranquilité champêtre. — La Fermière, etc. Huit pièces.

Belles épreuves.

LOUYS (Jacob).

351. **Carignan** (Fr. Thomas de Savoie, prince de), d'après Ant. van Dyck. — **Philippe**, le Bon, d'après P. Soutman. Deux portraits in-fol.

Très belles épreuves du 1er état, avant les numéros.

352. **Louis XIII**, roi de France, d'après Rubens. — **Anne d'Autriche**, reine de France, d'après Rubens. Deux portraits in-fol.

Très belles épreuves du 1er état, avant les numéros.

353. **Marie-Anne** d'Espagne, épouse de Ferdinand III, d'après P. Soutman. In-fol.

Belle épreuve du 1er état, avant le numéro.

354. **Philippe IV**, roi d'Espagne, d'après Rubens. — **Élisabeth** de France, épouse de Philippe IV, d'après Rubens. Deux portraits in-fol.

Très belles épreuves du 1er état, avant les numéros. Collection Didot.

355. **Spinola** (Ambroise), général espagnol, d'après Ant. van Dyck. In-fol.

Belle épreuve du 1er état, avant le numéro. Collection Didot.

LUTMA FILS (Jean).

356. **Lutma** père (Jean), orfèvre, 1556. In-4.

    Deux très belles épreuves.

MARCENAY DE GHUY (Antoine de).

357. **Berg** (Henri, comte de), d'après Ant. van Dyck. — **Legoux de Serlans.** Deux portraits in-4.

    Très belles épreuves avant toutes lettres.

358. **Marie-Antoinette de Bavière,** électrice de Saxe, d'après elle-même. In-4.

    Très belle épreuve du 1ᵉʳ état, avant la lettre.

359. **Bayard** (le Chevalier). — **Charles V.** — **Charles VII.** — **Jeanne d'Arc.** — **Mirabeau** (Marquis de). — **Sage** (B.G.). — **Stanislas - Auguste,** roi de Pologne. — **Sully.** — **Thou** (J. A. de). Neuf portraits.

    Très belles épreuves, dont une avant toutes lettres.

360. Têtes de fantaisie. — Bataille. — Paysages. Neuf pièces d'après Van Dyck, Rembrandt, Parrocel et Vernet.

    Belles épreuves, dont deux avant la lettre.

361. OEuvre de *Mʳ de Marcenay de Ghuy,* Ecuyer, Peintre et Graveur. Cet œuvre consiste en différens Morceaux d'histoires, Portraits, Païsages, Batailles, etc. Paris, chez l'Auteur.

    Recueil complet de cinquante-six pièces en un vol. in-fol., cart. Très belles épreuves sur Chine, plusieurs piquées.

MAROT (Jean).

362. Églises et Édifices de Paris. — Compositions d'architecture. Quarante-trois pièces.

    Très belles épreuves, plusieurs doubles.

MASSARD (Jean).

363. **Charles Iᵉʳ** (La famille de), d'après Ant. van Dyck, 1784. In-fol.

    Très belle épreuve.

MASSARD (Jean).

364. Gravelot (Hubert), dessinateur. In-8.

> Très belle épreuve, avec marges.

365. Livry (Nicolas de), d'après L. Tocqué. Petit in-fol.

> Très belle épreuve, avec marges.

366. Le même portrait.

> Très belle épreuve.

MASSON (Antoine).

367. Bouillon (Emm. Th., La Tour d'Auvergne, cardinal de), d'après N. Mignard (R. D. 14). In-fol.

> Très belle épreuve du 2ᵉ état. Collection Mariette.

368. Cureau de la Chambre (Marin), d'après P. Mignard (R.D. 24). In-fol.

> Très belle épreuve du 1ᵉʳ état, avant les contre-tailles sur la joue gauche. Collection Calamatta.

369. Dupuis (Pierre), peintre, d'après N. Mignard (R. D. 25). In-fol.

> Superbe épreuve de 1ᵉʳ état. Collection Didot.

370. Le même portrait.

> Belle épreuve.

371. Harcourt (Henri de Lorraine, comte d'), dit le *Cadet à la Perle*, d'après N. Mignard (R. D. 34). In-fol.

> Superbe épreuve du 2ᵉ état, avant le nᵒ 4 et avant les retouches. Collection E. Durand.

372. Ormesson (Olivier Le Fèvre d'), 1665 (R. D. 58). In-fol.

> Superbe épreuve du 1ᵉʳ état, très rare. Collection Didot.

MATHAM (Jacques).

373. L'Amour domptant le dieu Pan, d'après le Josépin (B. 91). In-fol.

> Très belle et rare épreuve du 1ᵉʳ état non décrit, avant les mots : Josephus Arpinas Inue.

MATHAM (JACQUES).

374. Les Quatre Saisons, d'après H. Goltzius (B. 140-143). Suite de quatre pièces rondes.

Superbes épreuves avec marges.

MATHAM (THÉODORE).

375. **Regius** (Henri), médecin, d'après H. Bloemaert. Ovale in-4.

Très belle et très rare épreuve du 1er état, avant toutes lettres. Collections Marshall et Didot.

376. **Bavière** (Wolfgang-Guillaume de), d'après Jean Spilberger. In-fol.

Très belle épreuve.

377. **Cracht** (Étienne), pasteur d'Amsterdam, d'après J. Spilberger. Grand in-fol.

Superbe épreuve du 2e état. Collection Didot.

378. **Barlaeus** (Caspar), médecin, — **Hooft** (Pieter-Cornelisz). — **Graswinckelius** (Théodore), avocat. Trois portraits.

Très belles épreuves.

379. **Hofland** (Corneille), d'après Spronck. — **Le Blond** (Michel), d'après A. van Dyck. — **Olæus** (Jacques), d'après N. Moyaert. — **Wuytiers** (J. B.). — Anonyme. Cinq portraits.

Très belles épreuves.

MÉCHAU, DIES ET REINHART.

380. Vues et paysages d'Italie. Soixante-dix-huit pièces in-fol.

Très belles épreuves.

MEIER (MELCHIOR).

381. **Guillaume** (?), en pied, en armure. In-4. Au bas on lit : *Miles an Monachus dicor Guilielmus utrunqz vox michi Bernardi nomen dedit.* Curieux et rare portrait, finement gravé.

Très belle épreuve remargée, de la collection Didot.

MELLAN (Claude).

382. **Coeffeteau** (Nic.), archevêque de Marseille. — **Marolles** (Claude de). — **Montmorency** (Henri II, duc de). — **Seguier** (Pierre). Quatre portraits in-4 et in-fol.

Très belles épreuves.

383. **Lesdiguières** (Ch. de Créqui, duc de). — **Louis XIII**, frontispice. — **Molé** (Mathieu). — **Narni** (R. P. Jérôme). — **Naudé** (Gabriel). — **Toiras** (J. de Saint-Bonnet, de). — **Trullier** (Joseph). Sept portraits.

Très belles épreuves.

384. **Condren** (P. Charles de). — **Frescobald** (Jérôme). — **Gassendi** (Pierre). — **Mazarin** (Jules). — **Menicucius** (Raphaël). — **Molé** (Mathieu). — **Peiresc** (N. Fabrice de). **Seguier** (Pierre). — **Vianni** (Anne-Marie). Dix portraits.

Belles épreuves, la plupart avec l'adresse d'Odieuvre.

MEY (Raphaël de).

385. La Tentation de saint Antoine, d'après Martin Schoen. Petit in-fol.

Belle épreuve d'une pièce rare.

MICHEL (Jean-Baptiste).

386. **Clairon** (Mlle), de la Comédie-Française. — **Dangeville** (Mlle), de la Comédie-Française. Deux portraits d'après Pougin de Saint-Aubin.

Très belles épreuves. Collection Didot.

MONNET (D'après C.).

387. Jupiter et Antiope. — Jupiter et Io. Deux pièces gravées par Vidal. In-fol.

Très belles épreuves avec marges.

MONTAIGNE (Michel).

388. Paysages et Marines. Trente-quatre pièces.

Très belles épreuves, la plupart en 1er état.

MOREAU LE JEUNE (Jean-Michel).

389. Décoration du Sacre de Louis XVI, à Reims, le 11 juin 1775.
Grand in-fol.

> Très belle épreuve, une petite déchirure dans la bordure supérieure.

390. Tombeau de Jean-Jacques Rousseau, 1778. In-4.

> Très belle et rare épreuve avec la femme agenouillée dans le coin à
> gauche. On y a joint une épreuve, cette figure effacée.

MORIN (Jean).

391. La Sainte Vierge, d'après Raphaël (R. D. 14). — La Vierge
adorant l'Enfant Jésus, d'après Titien (R. D. 15). — La Vierge
de douleur, d'après Ann. Carrache (R. D. 17). — L'Adoration des Bergers, d'après Ph. de Champaigne (R. D. 18). —
La Sainte-Vierge, d'après Ph. de Champaigne (R. D. 19).
Cinq pièces in-fol.

> Belles épreuves.

392. Jésus-Christ, d'après Ph. de Champaigne (R. D. 25). — Saint-
Pierre (R. D. 27). Deux pièces in-fol.

> Quatre belles épreuves.

393. **Bernard** (Saint) d'après Ph. de Champaigne (R. D. 33. —
Tête de mort (R. D. 39). Deux pièces in-fol.

> Belles épreuves.

394. **Anne d'Autriche**, d'après Ph. de Champaigne (R. D. 40-41).
Deux portraits différents.

> Belles épreuves.

395. **Arnauld d'Andilly** (Robert), d'après Ph. de Champaigne
(R. D. 42). In-fol.

> Très belle épreuve.

396. **Bentivoglio** (Guido), cardinal, d'après Ant. van Dyck (R. D.
43). In-fol.

> Très belle épreuve d'un des chefs-d'œuvre de la gravure.

397. Le même portrait.

> Très belle épreuve, remargée.

MORIN (Jean).

398. **Berthier** (Pierre), évêque de Montauban, d'après Ph. de
Champaigne (R. D. 44). In-fol.

Très belle épreuve.

399. Le même portrait.

Belle épreuve.

400. **Borromée** (Saint Charles), d'après Ph. de Champaigne
(R. D. 45-46).

Deux portraits différents.
Belles épreuves.

401. **Bourbon-Conti** (Armand de), d'après Juste (R. D. 47).
In-fol.

Très belle épreuve du 2ᵉ état avec les noms des artistes. Collection
Didot.

402. Le même portrait.

Très belle épreuve de la collection Roth.

403. **Brachet de la Milletière** (Th.), d'après Ph. de Champaigne
(R. D. 48). In-fol.

Très belle épreuve à grandes marges. Collection Roth.

404. Le même portrait.

Très belle épreuve.

405. **Camus** (Jean-Pierre), évêque de Bellay, d'après Ph. de Champaigne (R. D. 49). In-fol.

Très belle épreuve sans marges.

406. **Choiseul du Plessis-Praslin** (G. de), d'après Ph. de Champaigne (R. D. 50). In-fol.

Très belle épreuve du 1ᵉʳ état, à grandes marges. Collection Roth.

407. **Chrystin** (N.), d'après Ant. van Dyck (R. D. 51). In-fol.

Belle épreuve.

408. **Franck** (Jérôme), peintre, d'après lui-même (R. D. 52).
In-fol.

Très belle épreuve du 2ᵉ état.

MORIN (Jean).

409 **Gesvres** (François Potier, marquis de), d'après Ph. de Champaigne (R. D. 53). In-fol.

Très belle épreuve à grandes marges. Collection Roth.

410. **Gondy** (J.-F.-P. de), cardinal de Retz, d'après Ph. de Champaigne (R. D. 54). In-fol.

Belle épreuve.

411. **Grimberghe** (Honorine de), comtesse de Bossu (R. D. 55). In-fol.

Très belle épreuve.

412. **Grimberghe** (Anne-Sophie Herbert, comtesse de Carnavon, portrait improprement désigné sous le nom d'Honorine de), d'après Ant. van Dyck (R. D. 56). In-fol.

Très belle épreuve du 1er état avec le nom du peintre.

413. Le même portrait.

Très belle épreuve. Collection Roth.

414. **Guise** (Henri de Lorraine, duc de), d'après Juste Suttermans (R. D. 57). In-fol.

Très belle épreuve des collections Camberlyn et Behague.

415. **Harcourt** (Henri de Lorraine, comte d'), dit le *Cadet à la Perle*, d'après Ph. de Champaigne (R. D. 58). In-fol.

Très belle épreuve.

416. **Henri II,** roi de France, d'après Janet (R. D. 59). In-fol.

Très belle épreuve.

417. **Henri IV**, roi de France, d'après Ferdinand (R. D. 60). In-fol.

Très belle épreuve. Collection Didot.

418. Le même portrait.

Très belle épreuve sans marges.

419. **Jansenius** (Corneille), évêque d'Ypres (R. D. 61). In-fol.

Très belle épreuve du 1er état avec l'adresse du graveur.

420. **Lemon** (Marguerite), d'après Ant. van Dyck (R. D. 62). In-fol.

Belle épreuve.

MORIN (Jean).

421. Louis XI, roi de France (R. D. 63). In-fol.

Très belle épreuve, remargée.

422. Louis XIII, roi de France, d'après Ph. de Champaigne (R. D. 64). In-fol.

Très belle épreuve.

423. Maisons (René de Longueil, marquis de), d'après Ph. de Champaigne (R. D. 65), In-fol.

Très belle épreuve. Collection Didot.

424. Marillac (Michel de), garde des sceaux, d'après Ph. de Champaigne (R. D. 66). In-fol.

Très belle épreuve du 1er état à grandes marges.

425. Maugis des Granges (Pierre), d'après Ph. de Champaigne (R. D. 67). In-fol.

Très belle épreuve à grandes marges. Collection Roth.

426. Mazarin (Le Cardinal), d'après Ph. de Champaigne (R. D. 68). In-fol.

Très belle épreuve du 1er état avec les inscriptions. Collection Didot.

427. Mercier (Jacques le), architecte, d'après Ph. de Champaigne (R. D. 69). In-fol.

Très belle épreuve du 1er état, non décrit, les angles de la planche sont aigus. Collection Behague.

428. Netz (Nicolas de), évêque d'Orléans, d'après Ph. de Champaigne (R. D. 70). In-fol.

Très belle épreuve à grandes marges. Collection Roth.

429. Le même portrait.

Très belle épreuve. Collection Didot.

430. Philippe II, roi d'Espagne, d'après Titien (R. D. 71). In-fol.

Très belle épreuve. Collection Roth.

431. Le même portrait.

Très belle épreuve.

MORIN (Jean).

432. **Richelieu** (Le Cardinal de), d'après Ph. de Champaigne (R. D. 72). In-fol.

Belle épreuve.

433. **Sales** (Saint François de), évêque de Genève (R. D. 73). In-fol.

Très belle épreuve.

434. **Talon** (Omer), d'après Ph. de Champaigne (R. D. 74). In-fol.

Très belle épreuve du 2ᵉ état, avant les travaux additionnels sur la manche gauche. Collection Roth.

435. Le même portrait.

Très belle épreuve.

436. **Tarrisse** (Dom Grégoire), d'après F. Donstan (R. D. 75). In-fol.

Très belle épreuve à grandes marges. Collection Roth.

437. Le même portrait.

Belle épreuve.

438. **Tellier** (Michel Le), d'après Ph. de Champaigne (R. D. 76). In-fol.

Très belle épreuve du 2ᵉ état avec la lettre.

439. Le même portrait.

Belle épreuve. Collection Roth.

440. **Thou** (Augustin de), président au Parlement (R. D. 77). In-fol.

Très belle épreuve. Collection Camberlyn.

441. **Thou** (Christophe de), premier président (R. D. 78). In-fol.

Très belle épreuve.

442. **Thou** (Jacques-Auguste de), d'après Ferdinand (R. D. 79). In-fol.

Très belle épreuve du 2ᵉ état.

443. **Tubœuf** (Jacques), d'après Ph. de Champaigne (R. D. 80). In-fol.

Très belle épreuve.

MORIN (Jean).

444.   **Valois** (Charles de), duc d'Angoulême, d'après Ph. de Champaigne (R. D. 81). In-fol.

   Très belle épreuve sans marges.

445.   **Verger de Hauranne** (Jean du), abbé de Saint-Cyran, d'après Ph. de Champaigne (R. D. 82). In-fol.

   Très belle épreuve du 2e état, avec les marbrures de l'encadrement et de l'appui.

446.   Le même personnage (R. D. 83). In-fol.

   Belle épreuve sans marges. Collection Roth.

447.   **Vignerod** (Amador-Jean-Baptiste), abbé de Richelieu, d'après Ph. de Champaigne (R. D. 85). In-fol.

   Superbe épreuve du 2e état, à grandes marges. Collection Roth.

448.   Le même portrait.

   Très belle épreuve.

449.   **Villemontée** (François de), d'après Ph. de Champaigne (R. D. 86). In-fol.

   Superbe épreuve du 2e état, à grandes marges. Collection Roth.

450.   Le même portrait.

   Très belle épreuve.

451.   **Villeroy** (Nicolas de Neufville, marquis de), d'après Ph. de Champaigne (R. D. 87). In-fol.

   Très belle épreuve du 1er état. Collection Roth.

452.   **Vitré** (Antoine), imprimeur, d'après Ph. de Champaigne (R. D. 88). In-fol.

   Très belle épreuve.

453.   **Anne d'Autriche** (R. D. 41). — **Armand de Bourbon-Conty** (R. D. 47). — **Comtesse de Carnavon** (56). — **Marquis de Gesvres** (53). — **P. Maugis des Granges.** (67). — **Marquis de Villeroy** (87). Six portraits in-fol.

   Belles épreuves.

454.   **Marie de Médicis,** reine de France, d'après Pourbus (R. D. 4 des pièces douteuses). In-fol.

   Très belle épreuve. Collection Roth.

MORIN (Jean).

455. Paysages en hauteur, d'après J. Foucquier. Suite de quatre estampes (R. D. 95-98). — Les Moissonneurs (R. D. 107). — Marche de paysans (R. D. 108).

Six pièces in-fol. Très belles épreuves.

456. Sujets religieux. — Paysages divers. Vingt-neuf pièces.

Très belles épreuves, plusieurs en double.

MULLER (Jean).

457. **Christian IV**, roi de Danemark, d'après R. Rit (B. 61). In-fol.

Très belle épreuve du 4ᵉ état, avec la lettre. Collection Didot.

458. **Knipperdolling** (Bernard), d'après H. Aldegraver. In-fol.

Très belle épreuve avant le nom du graveur.

459. **Maximilien Iᵉʳ**, empereur d'Allemagne, copie en contre-partie de l'estampe de Lucas de Leyde.

Très belle épreuve. Collection Didot.

460. **Neyen** (Jean), franciscain, d'après Mierevelt (B. 60). In-fol.

Belle épreuve. Collections Denon et Didot.

461. **Spinola** (Ambroise), général espagnol, d'après Mierevelt (B. 59). In-fol.

Belle épreuve. Collection Didot.

462. **Spranger** (Barthélemy), peintre (B. 21). In-4.

Superbe épreuve du 1ᵉʳ état, avant l'adresse de C. Dankerts. Collections Camberlyn et Didot.

MULLER (Jean-Gotthard).

463. **Galloche** (Louis), peintre, d'après L. Tocqué. In-fol.

Superbe et très rare épreuve du 1ᵉʳ état, avant toutes lettres et avant de nombreux travaux. Collection Didot.

464. Le même portrait.

Superbe épreuve du 2ᵉ état, la planche terminée, mais avant toutes lettres. Collection Didot. On y a joint deux épreuves avec la lettre.

MULLER (Jean-Gotthard).

465. **Leramberg** (Louis), sculpteur, d'après S. A. Belle. In-fol.

Très belle épreuve du 1er état, avant toutes lettres. Collection Didot.
On y a joint une épreuve avec la lettre.

466. **Louis XVI**, en pied, en grand costume de cour, d'après
Duplessis. In-fol.

Belle épreuve.

467. **Wille** (Jean-Georges), graveur, d'après J.-B. Greuze. Petit
in-fol.

Très belle épreuve.

MUNICKUYSEN (Jean van).

468. **Gravius** (Daniel), pasteur, d'après Z. Blyhoof. — **Tromp**
(Corneille), amiral, d'après D. A. Plasse. — **Voet** (Gisbert),
d'après Maes. — **Burman** (Fr.), théologien, d'après Maes.
— **Voet** (G.), d'après Sandrart. Cinq portraits in-fol.

Très belles épreuves de la Collection Didot, dont une avant toutes
lettres.

NANTEUIL (Robert).

469. **Barberin** (Ant.), cardinal (R. D. 30). In-fol.

Très belle épreuve. Collection F. Debois.

470. **Beaufort** (Fr. de Vendôme, duc de), *le Roi des Halles*, d'après
Nocret (R. D. 33). In-fol.

Belle épreuve du 2e état. Collection Didot.

471. **Bellièvre** (Pomponne de), d'après Ph. de Champaigne (R. D.
36). In-fol.

Très belle épreuve du 3e état, avec la lettre.

472. **Bouillon** (Fr.-Maur., duc de), frère aîné de Turenne (R. D. 49).
In-fol.

Très belle épreuve du 3e état.

473. Le même portrait.

Très belle épreuve du 5e état.

NANTEUIL (ROBERT).

474. **Chapelain** (Jean), poëte (R. D. 60). Petit in-fol.

> Très belle épreuve du 1er état.

475. **Clermont-Tonnerre** (Fr. de), évêque de Noyon (R. D. 68).

> Belle et très rare épreuve du 1er état, avant la croix pastorale.

476. **Estrées** (César d'), cardinal (R. D. 92). In-fol.

> Très belle épreuve.

477. **La Meilleraye** (Ch. de la Porte, duc de), maréchal de France (R. D. 118). In-fol.

> Superbe épreuve du 2e état.

478. **Loret** (Jean), poëte (R. D. 150). Petit in-fol.

> Belle épreuve du 3e état, avec marges.

479. **Lotin de Charny** (Fr.), président au Parlement (R. D. 151). In-fol.

> Très belle épreuve du 3e état.

480. **Maisons** (René de Longueil, marquis de) (R. D. 166). In-fol.

> Très belle épreuve du 3e état, avant les guillemets.

481. **Maridat de Serrières** (P. de) (R. D. 168). In-8.

> Deux très belles épreuves.

482. **Mesmes** (Jean-Antoine de), président à mortier (R. D. 192). In-fol.

> Très belle épreuve du 1er état avant la lettre.

483. Le même portrait.

> Très belle épreuve du 3e état, avant le changement dans la date.

484. **Molé** (Édouard), magistrat (R. D. 193). In-fol.

> Très belle épreuve du 2e état.

485. **Nemours** (Henri de Savoie, duc de) (R. D. 198). In-fol.

> Très belle et rare épreuve du 1er état avec la date : 1651.

486. Le même personnage (R. D. 199). In-fol.

> Très belle et rare épreuve du 1er état, avant la lettre.

NANTEUIL (ROBERT).

487. **Péréfixe de Beaumont** (Hardouin de), archevêque de Paris (R. D. 213). Petit in-fol.

Très belle épreuve.

488. **Saint-Paul** (Ch.-P. d'Orléans, comte de), d'après Ferdinand (R. D. 219). In-fol.

Très belle épreuve.

489. **Scudéry** (Georges de), de l'Académie française (R. D. 221). Petit in-fol.

Très belle épreuve du 1er état. Collection Camberlyn.

490. **Seguier de Saint-Brisson** (Pierre), prévôt de Paris (R. D. 224).

Très belle épreuve. Collection Didot.

491. **Servien** (Franç.), évêque de Bayeux, d'après Ph. de Champaigne (R. D. 225). In-fol.

Superbe épreuve du 1er état, avant la lettre.

492. Le même portrait.

Très belle épreuve du même état.

493. **Thévenin** (Claude), chanoine (R. D. 231). In-fol.

Belle épreuve du 2e état. Collection Didot.

494. **Bouillon** (G. Maur., duc de), grand chambellan (R. D. 50). — **Créquy** (Fr. de Bonne de), duc de Lesdiguières (R. D. 81). Deux portraits in-fol.

Belles épreuves.

495. **La Chambre** (Marin Cureau de) (R. D. 116.). — **Longueville** Henri d'Orléans, duc de), d'après Ph. de Champaigne (149). Deux portraits in-4.

Belles épreuves.

496. **Lé Masle** (Mich.), secrétaire de Richelieu (R. D. 126). — **Molé** (Mathieu), homme d'État (R. D. 194). — **Molé** (Franç.), abbé (R. D. 195). Trois portraits in-fol.

Belles épreuves.

NANTEUIL (Robert).

497. **Beaufort** (F. de Vendôme, duc de) (R. D. 33). — **Jeannin** (Pierre), homme d'État (R. D. 112). — **Le Coigneux** (Jacques), (R. D. 125). Trois portraits.

Belles épreuves.

498. **Barberin** (Ant.), cardinal (R. D. 30). — **Beaufort** (F. de Vendôme, duc de), pair de France (R. D. 33). — **La Mothe Le Vayer** (Fr. de), philosophe (R. D. 143). — **Péréfixe de Beaumont** (Hardouin), archevêque de Paris (R. D. 212). — **Poncet** (Pierre), maître des requêtes (R. D. 215). Cinq portraits in-fol.

Belles épreuves.

NORBLIN (Pierre).

499. Sujets religieux. — Sujets de genre. — Gueux et Mendiants. Cent'quinze pièces.

Très belles épreuves sur chine, plusieurs doubles.

OSTADE (Adrien van).

500. Paysan joyeux (Dutuit, 1). — Paysanne joyeuse (D. 2). Deux très petites pièces.

Très belles épreuves du 2ᵉ état, avant le trait cárré et les initiales de l'artiste.

501. Boulanger sonnant du cor (D. 7). — L'Homme et la Femme causant (D. 12). — La Cruche vide (D. 15). — Les Harangueurs (D. 19). — Gueux enveloppé d'un manteau (D. 22). — Là Grange (D. 23). — L'Homme et la Femme conversant (D. 37). — Le Charlatan (D. 43). — Le Joueur de violon bossu (D. 44). — La Famille (D. 46). Dix pièces.

. Belles épreuves, plusieurs avant les dernières retouches.

502. La Danse au cabaret (B. 49). — Le Goûter (B. 50). Deux pièces in-4°.

Belles épreuves.

OSTADE (ADRIEN VAN).

503. Son OEuvre, moins les n°ˢ 1, 2, 19, 22, 23, 35, 44, 46 et 50. Quarante-neuf pièces.
> Bonnes épreuves, plusieurs doubles.

OUDRY (d'après JEAN-BAPTISTE).

504. La Garde Fidelle (*sic*), gravée par J. Beauvarlet. — La Chasse au Cerf, gravée par N. G. Silvestre. Deux pièces in-fol.
> Très belles épreuves.

PASSE (CRISPIN DE).

505. **Donelli** (Hugo). — **Lipse** (Juste). — **Perigny** (Nicolas-Tribolès de). — **Pizard** (François). Quatre portraits.
> Très belles épreuves.

PASSE (SIMON DE).

506. **Marie-Anne** d'Espagne, épouse de Ferdinand III, 1622. In-8.
> Très belle épreuve d'une pièce rare. Collection Didot.

PENCZ (GEORGES).

507. Esther et Assuérus (Bartsch, 8). — Joseph racontant ses songes (B. 9). Deux petites pièces.
> Belles épreuves.

508. **Horatius Coclès** (B. 80).
> Très belle épreuve. Collection Didot.

509. **Pencz** (Georges) et sa Femme (B. 1 et 2, Append.). Deux portraits in-8.
> Très belles épreuves. Collection Didot.

PERELLE (ADAM).

510. Vues de : Paris. — Sceaux. — Meudon. — Chantilly. — Saint-Germain-en-Laye. — Fontainebleau. — Liancourt, etc. Cent-vingt-sept pièces in-4.
> Très belles épreuves.

PERELLE (Adam).

511. **Vues et Paysages. Deux cent quatre-vingt-douze pièces.**

Belles épreuves, quelques doubles.

PESNE (Jean).

512. **Poussin** (Nicolas), d'après lui-même (R. D. 5). In-fol.

Très belle épreuve du 3ᵉ état avec l'adresse de Le Blond, de la collection Didot.

513. **Poussin** (Nicolas), d'après lui-même (R. D. 6). In-fol.

Très belle épreuve du 1ᵉʳ état. Collections Camberlyn et Didot; on y a joint une épreuve sans marge.

PETHER (William).

514. **Le Juif au Turban, d'après Rembrandt, 1764. In-fol.**

Superbe épreuve avant la lettre.

PICART (B.).

515. **Quos Ego. Un des tableaux de la voûte de la grande gallerie du Palais-Royal, d'après Coypel.**

Belle épreuve.

PIERRE (Jean-Baptiste-Marie).

516. **Le Moine et les Deux Femmes. — L'Adoration des Bergers. — Saint François domptant une hyène. Trois pièces.**

Très belles épreuves.

517. **Fête de village. — Jeune fille en prière. Deux pièces.**

Belles épreuves.

PITAU (Nicolas).

518. **Colbert** (Nicolas), évêque d'Auxerre, d'après C. Le Febure. In-fol.

Très belle épreuve rognée sur la droite.

PITAU (Nicolas).

519. **Habert de Montmort** (H. L.), d'après Ph. de Champaigne. In-fol.

> Superbe épreuve du 1er état, l'écusson non entièrement terminé. Collection Didot.

520. **Petau** (Alexandre), d'après C. Le Febure. — **Priolo** (Benj.) d'après le même. Deux portraits.

> Très belles épreuves, la seconde avant la lettre.

521. **Wrangel** (Ch. Gustave), général suédois. Petit in-fol.

> Superbe épreuve du 1er état, avant la lettre et avec l'écusson blanc. Rare.

522. **Lilly** (Camille), d'après J. Daret. — **Mavelot** (Charles), d'après A. Lucas. — **Voysin** (Daniel), d'après P. Mignard. Trois portraits.

> Très belles épreuves.

PLATE-MONTAIGNE (Nicolas de).

523. **Bérulle** (Pierre, cardinal de), d'après Ph. de Champaigne (R. D. 20). In-fol.

> Deux belles épreuves, dont une de la collection Didot.

524. **François Ier**, roi de France, d'après Janet (R. D. 23).

> Très belle épreuve.

525. **Barthélemy** (Vincent), avocat consultant à Rethel (R. D. 19). — **Castellan** (Olivier de) (R. D. 21). — **Des Hameaux** (J. D.) (R. D. 22). — **O'Moloy** (Roger) (R. D. 28). Quatre portraits.

> Belles épreuves.

526. **Monnerot** (Pierre), deux portraits différents (R. D. 26-27). — **Montmaur** (H. L. Habert de), maître des requêtes (R. D. 24), état non décrit, avant le nom du graveur. Trois portraits in-fol.

> Belles épreuves.

POILLY (NICOLAS).

527. **Le Tellier** (Michel), chancelier. In-fol.
> Très belle épreuve. Collection Didot.

528. **Beauvau** (Gabriel de), évêque de Nantes. — **Chartres** (François, Langlois dit de), éditeur. — **Morin** (Jean-Baptiste). Trois portraits.
> Belles épreuves.

PONTHUS-CINIER (ANTOINE).

529. **Paysages.** Treize pièces in-4 et in-8.
> Très belles épreuves.

PONTIUS (PAUL).

530. **Beck** (Jean, baron de), seigneur de Beaufort, d'après Fr. de Nys. In-4.
> Très belle épreuve des collections Mariette et Didot.

531. **Berghe** (Henri, comte de), d'après Ant. van Dyck. In-fol.
> Superbe épreuve des collections Mariette, Franck, Didot et Böhm.

532. **Orange** (Frédéric-Henri, prince d'), comte de Nassau, d'après Ant. van Dyck. In-fol.
> Très belle épreuve. Collection Didot.

533. **Rubens** et **A. van Dyck**, d'après A. van Dyck et E. Quellinus. Deux portraits sur la même planche. In-fol.
> Très belle épreuve. Collection Didot.

534. **Capellus** (M.-A.), d'après A. Diepenbeck. — **Eck** (B. van), peintre-amateur, d'après G. Cocks. — **Nassau** (Henri, comte de), d'après J. Meyssens. Trois portraits.
> Très belles épreuves. Collections Mariette et Didot.

535. **Nassau** (Henri, comte de), d'après Meyssens. — **Léopold**, archiduc d'Autriche. — **Gevartius** (Gaspard), d'après Rubens. — **Heem** (Jean de), d'après J. Livens. — **Lamboy** (Guillaume, baron de), d'après F. de Nys. — **Seghers** (Daniel), d'après J. Livens. Six portraits.
> Belles épreuves.

PORPORATI (Charles-Antoine).

536. **Victor-Amédée II**, roi de Sardaigne, d'après Molinari. In-4.

Très belle et rare épreuve avant la lettre ; dans la marge quelques essais de burin.

PORTRAITS ANCIENS.

537. **Vair** (Guil. du). — **Butkens** (Christ.) — **Moret** (B.). — **Ostade** (Adr. van). — **Fabry** (P. de). — **Pontius** (Paul). — **Episcopius** (S). Douze portraits gravés par Bary, Sandrart, Picart, Gole, etc.

Belles épreuves.

538. **Fairfax** (Thomas). — **Durer** (Albert). — **Silésie** (Ch. de). — **Gustave** roi de Suède. — **Jacques Ier**, roi d'Angleterre. — **Charles Ier**. — **Christian V**, roi de Danemark. — **Clément IX**. Quatorze portraits gravés par J. van de Velde, P. de Jode, A. Stock, etc.

Belles épreuves.

539. **Christine**, reine de Suède. — **Seguier** (Pierre). — **Schmidt** (Mme). — **Law** (Jean). — **Richer** (Charles). — **Pasquier** (Étienne). — **Jeaurat** (E.-S.). — **Fleury** (Cardinal de). — **Brizard**, acteur, etc. Seize portraits gravés par Nanteuil, Larmessin, Lépicié, Trouvain, Schmidt, Roy, etc.

Belles épreuves.

540. Peintres : **Bloemaert** (Abr.). — **Boullongne** (Bon de), d'après lui-même. — **De Troy** (François), d'après lui-même. — **De Troy** (Jean), d'après F. de Troy. — **Dietricy** (C. G. E.), d'après lui-même. — **Galloche** (Louis), d'après Tocqué. — **Largillière** (Nicolas de), d'après Geulain. — **Pierre** (J. B. M.). — **Poussin** (Nicolas). — **Vouet** (Simon). Dix portraits gravés par Pesne, Fr. Perrier, Ch. Dupuis, Muller, Schmuzer, J. B. Poilly, S. Valée et J. N. Tardieu.

Belles épreuves.

541. Graveurs : **Chauveau** (François), d'après C. Le Febure. — **Duchange** (Gaspard), d'après Cochin fils. — **Goltzius**

(Henri). — **Pesne** (Jean), d'après lui-même. — **Picart** (Bernard), d'après M. des Angles. — **Pierre** (J. B. M.), d'après Cochin fils. Six portraits gravés par L. Cossin, A. Trouvain, J. van-der Schley, etc.

Belles épreuves.

542. Sculpteurs : **Allegrain** (C. G.), d'après Duplessis. — **Bouchardon** (Edme), d'après Drouais. — **Coustou** (Guil.), d'après J. de Lien. — **Coustou** (Nic.), d'après Le Gros. — **Coysevox** (Ant.), d'après H. Rigaud. — **Le Lorrain** (Robert), d'après Nonnotte. — **Puget** (Pierre), d'après Puget fils. Huit portraits gravés par Jeaurat, J. Audran, J. N. Tardieu, C. Dupuis, de Larmessin jeune, Beauvarlet et Klauber.

Belles épreuves.

543. **Louis XIV.** — **Louis XV.** — **Louis XVI.** — (*François votre Roi jure.....*). Quatre portraits gravés par Thomassin, Michel Aubert, Edelinck et Née et Masquelier.

Belles épreuves.

544. **Capperonnier** (Claude), d'après Aved. — **Hozier** (Pierre d'). — **Castanier** (François, d'après H. Rigaud. — **Maupertuis** (P. L. Moreau de), d'après Tournière. Quatre portraits in-fol., gravés par Lépicié, Cars, Gaillard et Daullé.

Belles épreuves.

545. **Hesse** (Guillaume VI de). — **Vigier** (Le R. P. Ant.). — **Eugène** (le Prince). — **Hommius** (F.). — **Glocester** (Henri, duc de). — **Montmouth** (Jacques de). — **Clément X.** — **Dieu** (Louis de). — **Castiglione** (Balth.). — **Autriche** (Ferdinand d'). Dix portraits in-4 et in-fol., gravés par Lauwers, C. van Dalen, J. van Schnoor, Sandrart, etc.

Belles épreuves.

546. **Larcher** (Nicolas). — **D'Auvergne** (Jacques). — **Le Moyne** (Pierre). — **Clément X.** — **Rospigliosi** (Cardinal). — **Le Tellier** (Camille), etc. Huit portraits in-fol., gravés par N. Edelinck, Roullet, Poilly, Simon, Vallet, etc.

Belles épreuves.

PORTRAITS ANCIENS.

547. **Artois** (Ch. Phil., comte d'). — **Crébillon.** — **Chenizot** (G. de). — **Harlay** (Franç. de). — **Gebelin** (A. C. de). — **Harcourt** (Cte d'). — **Linguet.** — **Pope.** — **Esnault** (F.) — **Desfontaines** (l'abbé). — **Hallé.** — **Conti** (P^{ce} de). — **Buffon.** — **Choiseul** (Duc de). Dix-sept portraits gravés par Baléchou, Cathelin, Ficquet, Romanet, etc.

Belles épreuves.

548. **Spinola** (Ambroise). — **Brandebourg** (G. W., marquis de). — **Ariosto** (Ludovico). — **Savoie** (Emm. Phil. de). — **Lipse.** (Juste). — **Wtenbogaerd** (Jean). — **Grotius** (Hugo). — **Innocent X**, etc. Dix-sept portraits gravés par P. de Jode, C. Galle, S. de Passe, Sandrart, etc.

Belles épreuves.

549. **Charron** (Pierre). — **Molière.** — **Descartes.** — **Sarrazin.** — **Mme de Sévigné.** — **Marmontel.** Huit portraits gravés par L. Gaultier, Nolin, Picart, Saint-Aubin, etc.

Belles épreuves.

PRUD'HON (Pierre Paul).

550. Une famille malheureuse. In-8.

Trois belles épreuves des 2e, 3e et 4e états.

551. Le fils de Gouvion Saint-Cyr.

Belle épreuve du 1er état, avant toutes lettres.

PRUD'HON (D'après Pierre-Paul).

552. L'Innocence préfère l'Amour à la Richesse. — L'Amour séduit l'Innocence, le Repentir suit. Deux pièces in-fol., gravées par B. Roger.

Très belles épreuves avant la lettre, à grandes marges; on y a joint un double de la seconde pièce.

553. L'Enlèvement de Psyché, gravé par H. C. Muller. In-fol.

Très belle épreuve.

PRUD'HON (D'après PIERRE-PAUL).

554. Phrosine et Mélidor. — Daphnis cherchant une cigale dans le sein de Chloé. — La Grotte. — Abrocome et Anzia. — L'Amour réduit à la raison, etc. Neuf pièces gravées par Copia et Roger.

Belles épreuves, plusieurs sont avant la lettre.

555. Phrosine et Mélidor. — Choisir l'objet. — L'enflammer. — En jouir. Quatre pièces gravées par Boisson, Copia et Prud'hon.

Très belles épreuves, la deuxième est avant la lettre, avec marges.

556. Mlle Mayer, lithographiée par Achille Sirouy.

Très belle épreuve avant toutes lettres, sur Chine, avec la signature manuscrite de l'artiste et une dédicace d'Eudoxe Marcille.

557. La Vierge. — L'Étude guide l'essor du Génie. — L'Amour et l'Amitié. — La Soif de l'or. — Les Petits Fileurs. — Les Petits Dévideurs. — Les Vendanges. — Marguerite. — Une Pensée. — La Volupté. Treize lithographies par Aubry-Lecomte.

Très belles épreuves sur Chine.

558. Vénus et Adonis. — Vénus au bain. — Thémis. — Les Quatre Heures du jour. — La Caresse. — L'Égratignure. — Le Char de Vénus. — Muses. Treize lithographies par Jules Boilly.

Belles épreuves, la plupart sur Chine, deux sont avant toutes lettres.

559. Sujets divers. Trente-quatre pièces par Flameng, Le Roux, Grevedon, Bellanger, etc.

Belles épreuves, plusieurs sont doubles.

560. Sujets divers. Trente-six lithographies par Jules Boilly.

Belles épreuves, plusieurs sont doubles.

561. Le Triomphe de Napoléon Ier. — Pâris et Hélène réconciliés par Vénus. Deux lithographies par Maurin et Soulange-Tessier.

Très belles épreuves sur Chine, à toutes marges.

REGNESSON (Nicolas).

562. Mazarin (Jules), cardinal. In-fol.

> Très belle épreuve. Collection Didot.

REMBRANDT VAN RIJN.

563. Jésus-Christ prêchant, pièce appelée *la Petite Tombe* (B. 67 ; C. B. 39). In-4.

> Très belle épreuve sur papier du Japon. Collection F. Debois.

564. Jésus au jardin des Oliviers (B. 75 ; C. B. 50). In-8.

> Belle épreuve.

565. La Grande Descente de Croix (B. 81 ; C. B. 56). In-fol.

> Belle épreuve.

566. Descente de Croix dite au *flambeau* (B. 83 ; C. B. 58). In-4.

> Très belle épreuve. Collection Didot.

567. Les Disciples d'Emmaüs (B. 87 ; C. B. 63).

> Belle épreuve du 2ᵉ état.

568. Pierre et Jean à la porte du temple (B. 94 ; C. B. 66). In-4.

> Très belle épreuve, avec des barbes. Collection du Musée de Munich.

569. La Mort de la Vierge (B. 99 ; C. B. 70). In-fol.

> Belle épreuve du 2ᵉ état.

570. Médée, ou le Mariage de Jason et de Créuse (B. 112 ; C. B. 82). In-4.

> Très belle épreuve du 4ᵉ état, avant la suppression des vers.

571. Les Trois Figures orientales (B. 118 ; C. B. 7). In-8.

> Très belle épreuve. Collection Camberlyn.

572. Juif au grand bonnet (B. 133 ; C. B. 101). In-12.

> Belle épreuve.

573. Le Joueur de cartes (B. 136 ; C. B. 104). In-8.

> Belle épreuve du 2ᵉ état, avant les tailles uniformes du fond.

574. Le Cochon (B. 157 ; C. B. 350).

> Belle épreuve du 2ᵉ état.

REMBRANDT VAN RIJN.

575. La Femme à la calebasse (B. 168; C. B. 132). In-12.

  Très belle épreuve du 2ᵉ état. Collection Arozarena.

576. Figures académiques d'hommes (B. 194; C. B. 159). — Les
    Baigneurs (B. 195; C. B. 117). — Académie d'un homme assis
    à terre (B. 196; C. B. 160). Trois pièces

  Belles épreuves. Collections H. Weber, Arozarena et Didot.

577. Négresse couchée (B. 205; C. B. 169). In-8.

  Belle épreuve sur papier de Chine.

578. Homme avec chaîne et croix (B. 261; C. B. 257). **In-8.**

  Belle épreuve du 2ᵉ état, avant le prolongement des travaux du
  fond. Collection Didot.

579. Le Docteur Faustus (B. 270; C. B. 84). In-4.

  Deux belles épreuves, dont une avant les tailles horizontales régu-
  lières, sur le livre à fermoirs.

580. **Ansloo** (Renier), ministre anabaptiste (B. 271; C. B. 170). In-4.

  Belle épreuve du 4ᵉ état, sans marges, tirée sur papier de Chine.
  Collection Didot.

581. **Haaring** (Thomas-Jacobsz) le jeune (B. 275; C. B. 179).

  Très belle épreuve du 4ᵉ état, la planche diminuée.

582. **Lutma** (Jean) orfèvre (B. 276; C. B. 182). In-4.

  Belle épreuve du 3ᵉ état.

583. **Wtenbogardus** (Jean), ministre hollandais (B. 279; C. B. 190).
    In-4.

  Belle épreuve du 5ᵉ état. Collection Didot.

584. **Utenbogaerd**, receveur des États de Hollande, estampe con-
    nue sous le titre : *Le Peseur d'or* (B. 281; C. B. 189). In-4.

  Très belle épreuve du 3ᵉ état, tirée sur papier du Japon. Collection
  Didot.

585. **Coppenol** (Lieven), calligraphe, portrait dit le *Grand Coppenol*
    (B. 283; C. B. 175).

  Belle épreuve du 7ᵉ état, la planche coupée.

REMBRANDT VAN RIJN.

586. Vieillard à barbe courte (B. 300 ; C. B. 291). In-12.
Deux belles épreuves du 3ᵉ état. Collection Arozarena.

587. Vieille avec un voile noir (B. 355 ; C. B. 245). In-12.
Belle épreuve du 3ᵉ état. Rare. Collection Arozarena.

588. **Asselyn** (Jean), peintre (B. 277 ; C. B. 171). — **Jonghe** (Clément de), marchand d'estampes (B. 272 ; C. B. 180). — **Lutma** (Jean), orfèvre (B. 276 ; C. B. 182). — **Wtenbogardus** (Jean), ministre hollandais (B. 279 ; C. B. 190). Cinq pièces.
Belles épreuves.

589. La Nativité (B. 45 ; C. B. 18). — La Circoncision (B. 47 ; C. B, 20). — Jésus au milieu des Docteurs (B. 64 ; C. B. 35). — Jésus-Christ prêchant (B. 67 ; C. B. 39). — La Samaritaine (B. 70 ; C. B. 45). — Résurrection de Lazare (B. 72 ; C. B. 47. — Jésus-Christ en croix (B. 80 ; C. B. 55). Sept pièces.
Belles épreuves.

590. Jésus et la Samaritaine. — Jésus chassant les vendeurs du Temple. — La Résurrection de Lazare. — Descente de croix. — Les Pélerins d'Emmaüs, etc. Douze pièces.
Bonnes épreuves.

591. L'Adoration des Bergers. — La Circoncision. — La Fuite en Égypte. — Les Pélerins d'Emmaüs. — Descente de croix, etc. Douze pièces.
Bonnes épreuves.

592. Sujets religieux et de fantaisies. — Figures académiques. — Gueux.
Quarante-six pièces, originaux et copies.

REMBRANDT VAN RIJN (d'après).

593. Sujets religieux. — Portraits et Têtes de fantaisie. — Paysages. Vingt-une pièces gravées par J. de Frey, G. F. Schmidt, Bartsch, Wilson, Ramus, etc.
Belles épreuves, plusieurs sont avant la lettre.

REYNOLDS (D'après Sir JOSHUA).

594. **Woolett** (William), graveur, coiffé d'une toque, par J. Sherwin.
Petit in-fol.
>   Très belle épreuve avant la lettre, sans marges, les noms des
>   artistes à la pointe. Collection Didot.

REYNOLDS (S. W.).

595. Le Naufrage de la Méduse, d'après Géricault. Grand in-fol.
>   Belle épreuve avant la lettre, doublée.

596. Le Placet ou Landlord sourd, d'après T. P. Stephanoff. In-fol.
>   Superbe épreuve avant la lettre, à grandes marges. Rare.

RIBÉRA (JOSEPH).

597. Le Corps de Jésus-Christ (B. 1). — Saint Jérôme (B. 4). Deux
pièces.
>   Très belles épreuves.

RIGAUD (J.).

598. Versailles : Vue du château et d'une partie de la ville, du côté
de l'Estang. — Vue particulière de la Chapelle du Château,
prise de la cour. — Les Dômes. — Les Bains d'Apollon. —
Le Bassin d'Encelade. Cinq pièces in-fol.
>   Très belles épreuves.

ROBERT (HUBERT).

599. Les Soirées de Rome. Suite de dix pièces in-8.
>   Très belles épreuves du 1er état à l'eau-forte pure (moins le titre et
>   le n° 10 avec la lettre), les bords des cuivres raboteux ; on y a joint
>   neuf épreuves avec les numéros, en tout vingt pièces.

ROULLET (JEAN-LOUIS).

600. **Touchelée** (Catherine), épouse de M. Clément, d'après J. Co-
telle. In-4.
>   Très belle épreuve avant la lettre.

RUBENS (d'après Pierre-Paul).

601. Massacre des Innocents. — Résurrection de Lazare. — Les Pélerins d'Emmaüs. — La Vierge et l'Enfant Jésus. — Silène
ivre. Huit pièces gravées par Bolswert, Galle, Jegher,
Picart, Vorstermann, etc.

Belles épreuves.

602. La Galerie de Médicis. Vingt-cinq pièces in-fol., gravées par
G. Edelinck, Audran, Picart, Duchange, Vermeulen, etc.

Belles épreuves.

SADELER (Gilles).

603. **Rodolphe II**, empereur d'Allemagne, deux portraits différents. — **Longueval** (Charles de), comte de Bucquoy. —
Klesel (Melchior). Quatre portraits in-fol.

Belles épreuves.

604. **Breughel** (Pierre), peintre, d'après B. Spranger. — **Spranger**
(Barthélemy), peintre et sa femme. — **Vos** (Martin de),
peintre, d'après J. Heincz. Trois portraits.

Belles épreuves.

605. **Muschinger** (Vincent). — **Kapler** (Gaspard). — **Bathori**
(Sigismond), prince de Transylvanie. — **Mathias**, empe-
reur d'Allemagne. — **Freher** (Marquard). — **Padoani**
(François). — **Pyrnési** (Melchior). — **Thurzo** (Georges).
Huit portraits.

Très belles épreuves.

606. **Chimarheus** (Jacob). — **Kapler** (Gaspar). — **Schrotl**
(George). — **Wackenfels** (Jean-Mathieu). Quatre portraits.

Très belles épreuves.

607. **Freher** (Marquard), 1618. — **Godel** (Jean-George). — **Die-
trichsten** (François, cardinal de). Trois portraits.

Très belles épreuves.

SADELER (Les).

608. Sujets religieux et mythologiques. — Paysages. Cinquante-une pièces.

Belles épreuves.

SAENREDAM (Jean).

609. La Parabole des Vierges sages et des Vierges folles (B. 2-6). Suite de cinq pièces in-fol.

Belles épreuves du 2e état, avec l'adresse de J. Jansonius.

610. Six Nymphes de la suite de Diane, d'après H. Goltzius (B. 59-61). Suite de trois pièces in-4. — Les Divinités des sept Planètes, d'après H. Goltzius (B. 73-79). Suite de sept pièces in-4.

Belles épreuves. On y a joint deux doubles, en tout douze pièces.

611. Scipion blessé, d'après Polydore Caldara (B. 31). — Cérès honorée par les laboureurs, d'après Goltzius (B. 70). — Des Amants et leurs Maîtresses implorant Vénus (B. 71). — Hérodiade dansant en présence d'Hérode (B. 112). Quatre pièces in-fol.

Très belles épreuves, une (n° 71) en double.

SAILLIAR (L.).

612. **Forman** (Hélène), d'après van Dyck. In-fol.

Belle épreuve avant la lettre.

613. **Guillaume-Henri**, prince d'Orange (plus tard Guillaume III), enfant, en pied, d'après G. Honthorst. Grand in-fol.

Très belle épreuve avant la lettre. Collection Didot.

SAINT-AUBIN (Augustin de).

614. **Pellerin** (Joseph), numismate. Petit in-fol.

Très belle épreuve avec la bordure faible.

615. **Buchelay** (M. J. Savalete de). — **Heinecken** (Charles-Henri de). — **Le Blond** (Guillaume). Trois portraits.

Très belles épreuves.

SAINT-AUBIN (Augustin de).

616. Francklin (Benjamin). — **Linguet.** — **Necker** (2 portraits différents). — **Victor-Amédée**, roi de Sardaigne. Cinq portraits.

Belles épreuves.

617. Buffon. — **Helvétius** (C. A.). — **La Lande** (Jérôme de). — **Linguet** (S. N. H.). — **Orléans** (Philippe, duc d'). — **Raynal** (G. T.). Six portraits in-8 et in-4.

Très belles épreuves.

618. Belloy (P. L. de). — **Fénelon.** — **Fenouillot de Falbaire.** — **Gessner** (Salomon). — **Philidor** (A. D.). — **Pierre** (J.-B.-M.). Six portraits in-8.

Très belles épreuves.

SAINT-QUENTIN (D'après).

619. Les Garants de la Félicité publique, gravé par Née et Masquelier, 1774. Petit in-fol.

Belle épreuve avant la lettre.

SAVART (Pierre).

620. Boileau. — **Colbert.** — **Condé.** — **La Bruyère.** — **Bernis.** — **Louis XIV.** Six portraits in-8.

Belles épreuves.

621. Racine (Jean), d'après Santerre, in-8.

Très belle épreuve du 1ᵉʳ état avec les noms des artistes tracés à la pointe.

SCHMIDT (Georges-Frédéric).

622. Christian-Auguste, d'Analt-Zerbst, d'après Ant. Pesne. In-fol.

Superbe épreuve.

623. La Tour (Maurice-Quentin de), sur un chevalet, d'après lui-même. In-fol.

Très belle épreuve.

SCHMIDT (Georges-Frédéric).

624. **La Tour d'Auvergne** (L. de), comte d'Évreux, d'après
H. Rigaud. In-fol.

> Très belle épreuve.

625. **Mignard** (Pierre), peintre, d'après H. Rigaud. In-fol.

> Très belle épreuve du 2e état, avant l'astérisque.

626. **Schmidt** (Mme), femme de l'artiste, en couseuse. In-8.

> Très belle épreuve. Collections Camberlyn et Didot. On y a joint la
> copie d'Amélie Baader.

627. **Silva** (Jean-Bapt.), médecin, d'après H. Rigaud. In-fol.

> Très belle épreuve.

628. Le même portrait.

> Belle épreuve.

629. **Desfontaines** (P.-F. Guyot), d'après Tocqué. — **Prévost**
(Ant. Fr. abbé). — **Rousseau** (Jean-Baptiste), d'après
J. Aved. Trois portraits.

> Belles épreuves.

SCHULZE (J. G.).

630. **Cromwell** (Portrait dit de), d'après Ant. van Dyck. In-fol.

> Superbe épreuve avant toutes lettres.

SCHUPPEN (Pierre van).

631. **Bonzy** (Pierre de), cardinal-archevêque de Narbonne, d'après
Bachichi. In-fol.

> Très belle épreuve.

632. **Bordier** (N.), d'après J. Dieu. In-fol.

> Très belle épreuve avant la lettre.

633. **Desponts** (Ph.), théologien. In-fol.

> Superbe épreuve avant les changements dans l'inscription. Collec-
> tion Didot.

634. **Lorraine** (Marguerite de), religieuse. — **Lorraine** (Armande-
Henriette de), religieuse. Deux portraits rares.

> Belles épreuves.

SCHUPPEN (Pierre van).

635. **Ittre de Caestre** (J. J. d'), d'après P. François. — **Marca** (Pierre de), d'après Van Loo, 1663. — **Pithou** (François et Pierre). Quatre portraits.

Très belles épreuves.

636. **La Gardie** (Gabriel de), chancelier suédois, d'après David Klooker. Petit in-fol.

Deux très belles épreuves avec marges, dont une du 1er état, avant la lettre. Collection Didot.

637. **Le Tellier** (F.-M.), marquis de Louvois, d'après C. Le Febure. In-fol.

Très belle épreuve, avant le nom du personnage dans la bordure.

638. **Bouillaud** (Ismaël), d'après J. van Schuppen. — **Hindret** (Jean), d'après J. van Schuppen. — **Monchy** (Pierre de). — **Wachtendonck** (Jean de), d'après P. van Lint. Quatre portraits.

Belles épreuves.

SCOLARI (Giuseppe).

639. La Mise au tombeau (Passavant, 40). — Le Corps du Christ soutenu par un ange. Deux gravures sur bois très rares.

Très belles épreuves, mal conservées. Collection Didot.

640. Saint-Georges (Passav. VI, p. 234, n° 56). Gravure sur bois, in-fol.

Très belle épreuve, avant les cassures. Collection Didot.

SILVESTRE (Israel).

641. Vues de Paris. Cent quatre-vingt-quatre pièces in-8 et in-4.

Très belles épreuves, la plupart en 1er état, un certain nombre en double.

642. Vues de France : Lyon. — Grenoble. — Langres. — Tonnerre. — Avignon, etc. Cent vingt-six pièces.

Très belles épreuves, quelques-unes en double.

SILVESTRE (ISRAEL).

643. **Vues de France : Fontainebleau. — Saint-Denis. — Vincennes. — Tanlay. — Saint-Germain. — Liancourt. — Gaillon. — Rouen. Quatre-vingt-dix pièces in-8 et in-4.**

Très belles épreuves, quelques-unes en double.

644. **Vues de France : Grenoble. — Liancourt. — Lyon. — Nancy. — Rueil. — Saint-Cloud. — Marseille. Cent vingt pièces, plusieurs gravées par Perelle sur les dessins de Silvestre.**

Très belles épreuves, plusieurs doubles.

645. **Vues de France : Versailles. — Saint-Germain. — Tonnerre. — Poissy. — Châteaux de France. Cent huit pièces.**

Très belles épreuves, la plupart en 1er état.

646. **Vues de Rome et d'Italie. Cent-trente pièces.**

Très belles épreuves, la plupart en 1er état, quelques-unes en double.

647. **Vues de Rome et d'Italie. Cent soixante-cinq pièces in-8 et in-12.**

Très belles épreuves, la plupart en 1er état, quelques-unes en double.

SIMON (PIERRE).

648. **Alvarès d'Avila** (D. Antonio), d'après J. De la Borde. In-fol.

Superbe épreuve. Collection Didot.

649. **Bailly** (Guillaume). — **Rospigliosi** (Jacq.), cardinal. Deux portraits in-fol.

Très belles épreuves.

SMITH (J.).

650. **Anne-Marie d'Angleterre**, d'après G. Kneller. In-fol.

Très belle épreuve de la collection Didot.

SOMPEL (PIERRE VAN).

651. **Ferdinand II**, empereur d'Allemagne, d'après P. Soutman. — **Éléonore**, épouse de Ferdinand II, d'après P. Soutman. Deux portraits in-fol.

Très belles épreuves du 1er état, avant les numéros. Collection Didot.

SOMPEL (Pierre van).

652. **Gaston**, duc d'Orléans, d'après Ant. van Dyck. — **Marguerite de Lorraine**, épouse de Gaston, duc d'Orléans, d'après Ant. van Dyck. Deux portraits in-fol.

> Très belles épreuves du 1er état avant les numéros. Collection Didot.

653. **Isabelle-Claire-Eugénie**, Infante d'Espagne, d'après Ant. van Dyck. In-fol.

> Très belle épreuve du 1er état, avant le numéro. Collection Didot.

654. **Marie de Médicis**, reine de France, d'après Ant. van Dyck. In-fol.

> Très belle épreuve du 1er état, avant le numéro. Collection Desbois et Didot.

655. **Paracelse**, célèbre médecin, d'après P. Soutman. In-fol.

> Belle épreuve de la collection Didot.

656. **Philippe**, duc de Bourgogne, d'après J. van Eyck. — **Ferdinand**, Infant d'Espagne, d'après Ant. van Dyck. Deux portraits in-fol.

> Belles épreuves.

SOMPEL et SOUTMAN.

657. Comtes de Nassau. — Empereurs d'Allemagne. Treize portraits et deux titres in-fol.

> Très belles épreuves.

STIMMER (Tobias).

658. **Brechtl** (Stephan), mathématicien (B. 8). — **Buylenger** (H.), théologien. — **Schwarzenberg** (Otto Henri, comte de). Trois portraits.

> Très belles épreuves. Collection Didot.

STRANGE (Robert).

659. Vénus. — Danaë. Deux pièces in-fol., d'après Titien.

> Belles épreuves.

SURUGUE (Louis).

660. **Boulongne** (Louis de), le Père, d'après Mathieu. — **Geoffroy** (Et. Franç.), d'après N. de Largillière. Deux portraits in-fol.

> Très belles épreuves.

SUYDERHOEF (Jonas).

661. **Aken** (Conrad Victor van), d'après F. Hals (Wussin, 2). In-fol.
> Superbe épreuve. Collection Didot.

662. Le même portrait.
> Très belle épreuve.

663. **Albert**, archiduc d'Autriche, d'après Rubens (W. 4). In-fol.
> Très belle épreuve du 1er état, avant le numéro. Collection Didot.

664. Le même portrait.
> Belle épreuve du même état. Collection Behague.

665. **Ampzing** (Samuel), d'après F. Hals (W., 6). In-fol.
> Très belle épreuve du 1er état avant toute adresse.

666. Le même personnage.
> Très belle épreuve du 2e état avec l'adresse de C. Banheynigh. Collection Didot.

667. **Beeckerts van Thienen** (Adrien), d'après J. de Vos (W., 9). In-fol.
> Belle épreuve du 3e état non décrit, avec l'adresse de J. Covens et C. Mortier.

668. **Beenius** (Jean), d'après H. van Vliet (W. 10). In-fol.
> Très belle épreuve.

669. **Boxhorn** (M. Zuerius), d'après P. Dubordieu (W. 14). In-fol.
> Très belle épreuve du 2e état avec l'adresse de Clément de Jonghe.

670. **Charles-Quint**, d'après Titien (W. 15). In-fol.
> Très belle épreuve du 1er état, avant le numéro.

671. **Charles Ier**, roi d'Angleterre, d'après Ant. van Dyck (W. 16). — **Henriette de France**, épouse de Charles Ier, d'après Ant. van Dyck (W. 36). Deux portraits in-fol.
> Très belles épreuves du 1er état avant les numéros.

SUYDERHOEF (Jonas).

672. Charles, le Téméraire, d'après P. Soutman (W. 17). — **Jean,** sans Peur, d'après P. Soutman (W. 41). Deux portraits in-fol.

Belles épreuves.

673. Les mêmes portraits.

Très belles épreuves. Collection Didot.

674. La Chambre (Jean de), d'après F. Hals (W. 18). In-4.

Superbe épreuve du 1er état. Collection Didot.

675. Clauberg (Jean), d'après J. Gaspar Pfeffer (W. 19). In-fol.

Très belle épreuve du 1er état.

676. Cook (Jean), d'après J. de Vos (W. 20). In-fol.

Superbe épreuve du 1er état. Collections Mariette, Marshall et Didot.

677. Crucius (Jacob) (W. 21). — **Haslang** (Georges Christophe, baron de) (W. 31, 2e état). Deux portraits.

Belles épreuves.

678. Dieu (Louis de), d'après P. Dubordieu (W. 22). In-fol.

Belle épreuve du 1er état.

679. Descartes (René), d'après F. Hals (W. 23). In-fol.

Très belle épreuve du 2e état (1er décrit), avec l'adresse de P. Goos.

680. Lempereur (Constantin), d'après Baudrigeen (W. 24). In-fol.

Deux belles épreuves des 2e et 3e états.

681. Ferdinand III, empereur d'Allemagne, d'après P. Soutman (W. 26). In-fol.

Très belle épreuve du 1er état, avant le numéro.

682. Le même portrait.

Très belle épreuve du même état. Collection Behague.

683. Glarges (Gilles de), d'après Mirevelt (W. 29). In-fol.

Belle épreuve du 1er état.

684. Le même portrait.

Deux belles épreuves.

SUYDERHOEF (JONAS).

685. **Goltzius** (Henri), d'après lui-même (W. 30). In-fol.

Superbe épreuve du 1er état, avec l'adresse de Soutman.

686. **Heereboord** (Adrien), d'après P. Dubordieu (W. 32). In-fol.

Superbe épreuve du 1er état (seul décrit) avant les changements faits au manteau du personnage. Collection du comte de Fries.

687. **Hegger** (Rodolphe), d'après J. de Vos (W. 34). In-fol.

Superbe épreuve du 1er état, très rare. Collection Didot.

688. Le même personnage.

Très belle épreuve du 2e état.

689. **Heinsius** (Daniel), d'après J. Merek (W. 35). In-fol.

Superbe épreuve du 1er état, avant toute adresse.

690. **Heerman** (François), d'après V. de Geest (W. 37). In-8.

Très belle épreuve du 2e état. Collection Mariette.

691. **Heydan** (Abraham), d'après J. van Schooten (W. 38). In-fol.

Très belle épreuve du 1er état. Collection Didot

692. **Hollebeeck** (Jacques) (W. 39). In-fol.

Belle épreuve imprimée sur parchemin du 2e état. Collection Didot.

693. **Hoornbeck** (Jean), d'après F. Hals (W. 40). In-fol.

Superbe épreuve du 2e état avec l'adresse de P. Goos.

694. Le même portrait.

Belle épreuve d'un état non décrit, intermédiaire entre le 3e et le 4e; elle est avec l'adresse de J. Tangena, mais avant les mots : *Piæ memoriæ*.

695. **Isabelle-Claire-Eugénie**, Infante d'Espagne, d'après Rubens (W. 44). In-fol.

Très belle épreuve du 1er état, avant le numéro. Collection Behague.

696. **Kerkhove** (J. Polyandre Van den), d'après Baudrigeen (W. 45). In-fol.

Superbe épreuve du 1er état, avant l'adresse de C. et D. Dankertz.

697. **Keyser** (Henri de), d'après T. D. Keyser (W. 46).

Très belle épreuve du 2e état, à grandes marges. Rare.

SUYDERHOEF (JONAS).

698. **Kniff** (Jean) (W. 47). In-fol.

> Belle épreuve. Collection Didot.

699. **Koets** (Jean), d'après Roelof Koets (W. 48). In-fol.

> Superbe épreuve du 1ᵉʳ état non décrit, avec le nom : R. Koets Pins,
> en bas, à gauche de l'ovale. Collections Verstolk de Soelen et Didot.

700. **Kyper** (Albert), d'après D. Bailly (W. 49). In-fol.

> Très belle épreuve du 1ᵉʳ état, avec l'adresse de C. Banheyning.

701. **Maestertius** (Jacques), d'après N. van Negre (W. 51). In-fol.

> Superbe épreuve du 1ᵉʳ état avec grandes marges.

702. **Maximilien,** empereur d'Allemagne, d'après Rubens (W. 52).
— **Marie de Bourgogne,** épouse de Maximilien, d'après
Rubens (W. 54). Deux portraits in-fol.

> Magnifiques épreuves du 1ᵉʳ état. Rare en aussi belle condition.
> Collection Didot.

703. **Maximilien Iᵉʳ,** empereur d'Allemagne, d'après L. de Leyde,
(W. 53). In-fol.

> Très belle épreuve. Collection Didot.

704. **Neuhus** (Edo), (W. 59). Petit in-4.

> Belle épreuve.

705. **Nuyts** (David), (W. 61). In-fol.

> Très belle épreuve du 2ᵉ état, d'un portrait rare.

706. Le même portrait.

> Belle épreuve.

707. **Philippe Iᵉʳ,** dit le Beau, d'après P. Soutman (W. 63). —
Jeanne la Folle, épouse de Philippe le Beau, d'après
Soutman (W. 43). Deux portraits in-fol.

> Très belles épreuves du 1ᵉʳ état avant les numéros. Collection Didot.

708. **Philippe II,** roi d'Espagne, d'après Ant. Moro (W. 64). In-fol.

> Superbe épreuve du 1ᵉʳ état, avant le numéro. Collection Didot.

709. Le même portrait.

> Très belle épreuve du même état.

SUYDERHOEF (Jonas).

710. Le même portrait.

> Superbe épreuve du même état. Collection Behague.

711. **Philippe III**, roi d'Espagne, d'après Soutman (W. 65). In-fol.

> Superbe épreuve du 1er état, avant le numéro. Collection F. Debois.

712. **Piccolomini** (Octave), d'après Francis van Lucxensteijn (W. 66). In-fol.

> Très belle épreuve avec marges d'un portrait extrêmement rare. Collection Didot.

713. **Plante** (Francis), d'après van Santvoort (W. 67). In-fol.

> Très belle épreuve.

714. **Post** (François), peintre, d'après F. Hals (W. 68). In-fol.

> Très belle épreuve, mais coupée tout autour. Collections Graves et Didot.

715. **Rede** (Godard van) (W. 69). In-4.

> Trois épreuves, dont deux très belles du 2e état, avant l'adresse de Hoeye.

716. **Reves** (Jacques de), d'après F. Hals (W. 71). In-fol.

> Superbe épreuve du 2e état, avec le nom de Hals substitué à celui de Van Dyck,

717. **Rivet** (André), d'après P. Dubordieu (W. 72). In-fol.

> Très belle épreuve du 2e état, avec l'adresse de C. Banheynigh. Collection Didot.

718. Le même portrait.

> Très belle épreuve,

719. **Rouberg** (Jean van), d'après W. Eversdyck (W. 73). In-4.

> Très belle épreuve à grandes marges.

720. **Saumaise** (Claude), d'après N. Van Negre (W. 74). In-fol.

> Superbe épreuve d'un portrait très rare. Collection Didot.

721. **Schade** (Jean), d'après H. van Vliet (W. 76). In-fol.

> Très belle épreuve. Collection Didot.

722. **Schrevel** (Théodore), d'après F. Hals (W. 77). Petit-in-4.

> Très belle épreuve du 2e état.

SUYDERHOEF (Jonas).

723. **Schurman** (Anne-Marie), peintre et graveur, d'après J. Livens (W. 78). In-fol.

Magnifique et très rare épreuve du 1er état, légèrement coupée sur trois côtés. Collections W. Esdaile et Didot.

724. **Le même personnage.**

Très belle épreuve, complètement rognée.

725. **Sibel** (Gaspard), d'après F. Hals (W. 79). In-fol.

Superbe épreuve d'un portrait très rare. Collection Didot.

726. **Sigismond III**, roi de Pologne, d'après P. Soutman (W. 81). In-fol.

Très belle épreuve du 1er état. Collection Didot.

727. **Smaltius** (Noé), d'après J. Th. Pas (W. 82). In-fol.

Superbe épreuve.

728. **Spanheim** (Frédéric), d'après P. Dubordieu (W. 83). In-fol.

Superbe épreuve du 1er état avec l'adresse de C. Banheynigh.

729. **Swalm** (Eléazar), d'après Rembrandt (W. 84). In-fol.

Belle épreuve du 1er état. Collection Mariette.

730. **Tegularius,** de Harlem, d'après F. Hals (W. 88). In-fol.

Magnifique épreuve, très rare. Collection Didot.

731. **Le même personnage.**

Très belle épreuve. Rare.

732. **Tromp** (Martin Van), amiral, d'après H. Pot (W. 90). In-fol.

Très belle épreuve.

733. **Wassenaer** (Jean-Jacques van), d'après G. Honthorst (W. 96). In-fol.

Très belle épreuve du 2e état, avec la lettre. Collection J. Barnard.

734. **Wikenburg,** d'après F. Hals (W. 97). In-fol.

Magnifique épreuve du 1er état, avant le nom du graveur, extrêmement rare de cette qualité. Collections du duc de Buckingham, Verstolk de Soelen et Didot.

735. **Wimsem** (Pierre), 1644 (W. 100). In-4.

Très belle épreuve avec marges.

SUYDERHOEF (Jonas).

736. **Wladislas VI**, roi de Pologne, d'après P. Soutman (W. 101).
In-fol.

Superbe épreuve.

737. Les Quatre Bourgmestres d'Amsterdam attendant l'arrivée de
la reine Marie de Médicis, d'après T. D. Keyser (W. 102).
In-fol.

Très belle épreuve du 3ᵉ état. Collection Didot.

738. **Ampzing** (S.), d'après Hals (W. 6). — **Bloemaert** (Aug.),
d'après Spronck (W. 12). — **Spanheim** (F.), d'après Dubordieu (W. 83). — **Visscher** (Ad.) (W. 92). Quatre portraits in-fol.

Belles épreuves.

739. **Clauberg** (J.), d'après Pfeffer (W. 19), — **Dieu** (L. de),
d'après Dubordieu (W. 22). — **Hegger** (R.), d'après J. de
Vos (W. 34). — **Maestertius** (J.), d'après van Negre
(W. 51). Quatre portraits in-fol.

Belles épreuves.

740. **Moncade** (François de), général, d'après A. van Dyck. —
Nassau (Jean, comte de), d'après A. van Dyck. Deux portraits.

Belles épreuves.

741. Comtes et Comtesses de Nassau. Sept portraits in-fol.

Très belles épreuves.

SWANEVELT (Herman van).

742. Le Paysage ovale (B. 25). — Diverses vues de Rome (B. 53-65).
Les Quatre Paysages (B. 77-80). — Le Soir (81). — Le Petit
Pont de Bois (82). — Les Paysages ornés de fabrique (83-94,
manque 2 p.). — La Fuite en Égypte (97-100). Trente-quatre
pièces.

Très belles épreuves du 1ᵉʳ état, avec l'*exudit* du graveur.

SWANEVELT (Herman van).

743. Paysages ornés de satyres (B. 49-52). Suite de quatre pièces
      in-8. — Diverses vues de Rome (53-65). Suite de treize
      pièces in-8. — L'Histoire d'Adonis (101-106). Suite de six
      pièces in-4. — En tout vingt-trois pièces.

   Très belles épreuves du 1er état, avec l'*exudit* du graveur.

744. Paysages. Cent quatre pièces.

   Belles épreuves, plusieurs en 1er état.

TÉNIERS (D'après David).

745. La Chasse aux Canards. — Les Joueurs de Quilles, gravé par
      A. Laurent, 1743. Deux pièces In-fol.

   Très belles et rares épreuves du 1er état, à l'eau-forte pure.

746. L'École Flamande. — Paysage avec Canards. — L'Usurière.
      Les Deux Amis. — La Glaneuse flamande. — Délassement
      de Paysans Flamands. — Les Délices de la Tabagie. — Le
      Lendemain des Noces. — Le Chimiste. Neuf pièces in-4 et
      in-fol., gravées par Le Bas, Sornique et Surugue.

   Belles épreuves.

747. La Danse de Village. — Les Joueurs de Boules. Deux pièces
      in-fol., gravées par G. Malbeste.

   Très belles épreuves avant toutes lettres, avec marges.

THOMASSIN (Simon).

748. **Truchet** (Franç. Sébastien), d'après Élisabeth Chéron. In-4.
   Très belle et très rare épreuve avant toutes lettres.

THOMASSIN (Les).

749. **Mantoue** (A. Isabelle, duchesse de). — **Innocent XII**, pape.
      — **Robichon de la Guerinière** (Franç.), d'après Tocqué.
      — **Thierry** (Jean), d'après N. de Largillière. Cinq portraits.

   Très belles épreuves, une en double.

TIEPOLO (DOMENICO).

750. La Fuite en Égypte. Vingt-cinq eaux-fortes (y compris un frontispice) représentant le même sujet traité différemment.

Très belles épreuves avec marges.

TRENTE (ANTONIO DA).

751. Martyre de saint Pierre et de saint Paul, d'après le Parmesan (B. 28). — Sainte Cécile, d'après le Parmesan (37). — L'Homme assis, vu de dos (13). Trois pièces gravées en clair obscur.

Très belles épreuves. Collection Didot,

TROUVAIN (ANTOINE).

752. **Cotte** (Robert de), architecte. — **Jouvenet** (Jean), peintre. — **Pesne** (Jean), graveur. Quatre portraits in-fol.

Très belles épreuves. Collection Didot. On y a joint une seconde et très belle épreuve du portrait de Jouvenet.

VANNI (D'après FRANCESCO).

753. La Sainte Vierge (B. III, 11). Pièce gravée en clair-obscur.

Superbe épreuve d'une pièce très rare.

VERMEULEN (CORNEILLE).

754. **Louis XIV**, roi de France, d'après Gueslin. In-fol.

Belle épreuve. Collection Didot.

755. **Tassis** (Marie Louise de), d'après Ant. van Dyck. In-fol.

Très belle épreuve du 2e état, avec la lettre.

VERNET (D'après JOSEPH).

756. Le Port de Bayonne. — Le Port de Rochefort. — Le Port d'Antibes. — Le Port de Bordeaux. — Les Différents Travaux d'un port de mer. Cinq pièces in-fol. gravées par Daullé, Le Bas et Cochin.

Belles épreuves.

VERNET (D'après Joseph).

757. Marines. Sept pièces in-4 et in-fol., gravées par Le Veau, Schrœder, Le Gouaz et autres.

Très belles épreuves avant la lettre.

758. Paysages et Marines. Vingt-deux pièces in-4 et in-fol., gravées par Baléchou, Le Gouaz, Vivarès, Le Bas, Daudet, Aliamet et autres.

Belles épreuves.

VERNET (Carle et Horace).

759. Chevaux. — Sujets de chasse. — Scènes humoristiques. Vingt pièces.

Belles épreuves.

VIDAL (Géraud).

760. **Beauménil** (Mlle H^{te} A^{ide}), de l'Académie royale de Musique, d'après Pujos. Petit in-fol.

Belle épreuve.

VISSCHER (Corneille).

761. **Alexandre VII**, pape. In-fol.

Très belle épreuve, avec l'adresse de Clément de Jonghe. Collection Mariette.

762. **Alexandre VII**, pape. — **Junius** (Robert), deux différents. Trois portraits.

Belles épreuves.

763. **Booys** (Hendrick du). — **Sieveri** (Hélène-Léonore), sa femme, Deux portraits gravés d'après Ant. Van Dyck.

Très belles épreuves, avec l'adresse de E. Cooper.

764. **Bouma** (Gellius de) (W. Smith, 16). In-fol.

Très belle épreuve du 3° état d'un des chefs-d'œuvre de la gravure. Collection Didot.

765. Le même portrait.

Très belle épreuve du 5° état.

VISSCHER (CORNEILLE).

766. **Scriverius** (Pierre), d'après Soutman (Sm. 116). In-fol.

Très belle épreuve du 3e état.

767. **Intérieur hollandais**, d'après A. Van Ostade. — L'Antiquaire, d'après le Corrège. — Tête de femme, d'après Parmesan. Trois pièces in-fol.

Belles épreuves; on y a joint un double.

VISSCHER (JEAN).

768. **Coligny** (Louise de), princesse d'Orange. In-8.

Très belle épreuve. Collection Didot.

769. **Verhelius**, savant, d'après P. Schick. In-8.

Très belle épreuve. Collection Didot.

VORSTERMAN (LUCAS).

770. **Bourbon** (Charles, connétable de), d'après Titien. In-4.

Belle épreuve.

771. **Charles Ier**, d'après Ant. Van Dyck. In-4.

Belle épreuve.

772. **Howard** (Thomas), duc de Norfolk, d'après H. Holbein.

Très belle épreuve du 2e état, de la collection Didot.

773. **Howard** (Thomas), comte d'Arundel, d'après Ant. Van Dyck. In-4.

Superbe épreuve de la collection Didot.

774. **Morus** (Thomas), d'après H. Holbein. In-4.

Très belle épreuve. Collection Didot.

775. **Tilly** (Jean, comte de). — **Maximilien**, archiduc d'Autriche. — **Arundel** (Th. Howard, comte d'), d'après A. Van Dyck. — **Lipse** (Juste). — **Nassau** (Jean, comte de), d'après A. Van Dyck. Cinq portraits.

Belles épreuves. On y a joint une seconde épreuve du portrait du comte de Nassau.

WALKER (WILLIAM).

776. **Hope** (Sir Alexandre), d'après Th. Lawrence. In-fol.

Superbe épreuve.

777. **Raeburn** (Sir Henry), peintre, d'après lui-même. In-fol.

Superbe épreuve sur Chine, avec le mot Proof (Première épreuve), avec grandes marges.

778. **Le même portrait.**

Superbe épreuve, à grandes marges, le mot Proof effacé.

779. **Walter Scott** (Sir), d'après H. Raeburn. In-fol.

Superbe épreuve sur Chine.

WATTEAU (D'après ANTOINE).

780. **Camp volant**, gravé par Ch. Nic. Cochin. In-fol.

Très belle épreuve, avec marges.

781. **Le Sommeil dangereux. — Fêtes vénitiennes. — Le Chant.** Trois pièces gravées par Liotard, Moyreau et Cars.

Belles épreuves.

WATERLOO (ANTOINE).

782. L'Entrée dans la forêt (B. 107). — Les Parties de Bois nouvellement coupées (B. 108). — Le Passage du ruisseau (B. 109). — Le Paysan avec la Pelle (B. 110). — Le Voyageur au repos (B. 111). — Les Deux Hommes dans le creux (B. 112). Suite de six pièces. — Alphée et Aréthuse (B. 125). — Apollon et Daphné (B. 126). — Mercure et Argus (B. 127). — Pan et Syrinx (B. 128). — Vénus et Adonis (B. 129). — La Mort d'Adonis (B. 130). Suite de six pièces. Ensemble douze pièces.

Très belles épreuves, sur papier à la folie.

783. Le Grand Tilleul devant l'auberge (B. 113). — La Paysanne sur le Pont de bois (B. 114). — Le Chemin à travers du bois (B. 115). — La Ferme au bord de l'eau (B. 116). — Le Cavalier près de la Haie (B. 117). — Le Berger endormi sur le Monticule (B. 118). Suite de six pièces.

Superbes épreuves avec marges, sur papier à la folie.

WATERLOO (Antoine).

784. Le Moulin (B. 119). — Le Chien buvant (B. 120). — Le Petit Bossu (B. 121). — La Mère et ses Trois Enfants au repos (B. 122). — Les Deux Voyageurs au repos (B. 123). — Le Pont traversant le ruisseau (B. 124). Suite de six pièces.

Superbes épreuves, sur papier à la folie.

785. Le Départ d'Agar (B. 131). — Agar consolée par l'Ange (B. 132). — Le Prophète de Juda (B. 133). — Le Jeune Tobie et l'Ange (B. 134). — Séphora circoncisant son fils (B. 135). — Élie dans le désert (B. 136). Suite de six pièces.

Très belles épreuves, sur papier à la folie.

786. Paysages. Cent soixante-cinq pièces in-8 et in-4.

Belles épreuves, quelques doubles.

WEIROTTER (Franz-Edmund).

787. Paysages. Deux cent soixante-dix pièces.

Très belles épreuves, plusieurs à l'état d'eau-forte pure, un certain nombre de doubles.

WIÉRIX (Antoine).

788. **Orange** (Philippe-Guillaume, prince d') (Alvin 1997). In-4.

Superbe et rare épreuve du 1ᵉʳ état. Collection Didot.

WIÉRIX (Jérôme).

789. **Aquaviva** (Claude), général de la Société de Jésus (A. 1857). In-8.

Très belle épreuve. Rare.

790. **Hovaert?** (J.-B.), architecte (A. 1849). In-8.

Superbe épreuve, avec une petite marge. Collections Marshall et Didot.

WIÉRIX (JÉRÔME).

791. **L'Hospital** (Michel de), chancelier de France (A. 1931). Petit in-fol.

> Très belle épreuve d'une pièce rare ; on y a joint une seconde épreuve coupée à la bordure.

792. **Louis II,** roi de Hongrie (A. 1967). In-12.

> Superbe épreuve. Collection Didot.

793. **Nutius** (Phil.), imprimeur à Anvers (A. 2055). In-8.

> Très belle épreuve d'une pièce rare.

794. Le même portrait.

> Belle épreuve. Collection P. Mariette.

795. **Orléans** (Louis d'), d'après Otto Vaenius, 1602. In-4.

> Très belle épreuve. Collection P. Mariette.

WIERIX et CRISPIN DE PASSE.

796. Sujets religieux et Portraits. Vingt-cinq pièces.

> Belles épreuves.

WILLE (JEAN-GEORGE).

797. **Lowendal** (Woldemar de), maréchal de France, d'après M. Q. de la Tour. In-fol.

> Très belle épreuve.

798. **Pope** (Alexandre), poète, d'après G. Kneller. In-8.

> Très belle épreuve.

799. **Tencin** (Pierre de), cardinal, d'après Étienne Parrocel. In-fol.

> Très belle épreuve.

800. **Boullongne** (Jean de), d'après H. Rigaud. — **Le Cat** (C. N.), chirurgien, d'après Thomiers. — **Lowendal** (Woldemar de), d'après La Tour. — **Singlin** (Ant. de), d'après Ph. de Champaigne. Quatre portraits.

> Belles épreuves.

WOUWERMANS (D'après Philippe).

801. Le Manège, gravé par Thomas Major. In-fol.

Très belle et rare épreuve du 1er état, à l'eau-forte pure.

802. Course de la Bague. — La Boutique du Maréchal. — La Petite
Foire aux chevaux. — Pillage des Reîtres. — Le Défilé
d'Équipages. — Port de mer. — L'Écurie. — L'Abreuvoir
flamand. — Départ pour la Chasse au vol. Neuf pièces in-
fol., gravées par Jean Moyreau.

Belles épreuves.

803. Garde avancée de Hulans. — La Moisson. — Attaque de
Troupes légères. — Le Matin. — La Matinée de printemps.
— La Soirée d'été. — Les Travaux champêtres. — Chasse-
Marée allemande. — L'Utile Précaution du Chevalier espa-
gnol. — Le Retour du marché. — Halte d'Officiers. — Halte
espagnole. Quatorze pièces in-fol., gravées par Aliamet, Elis.
Cousinet, Le Bas, Patas, Picquenot et Strange.

Belles épreuves, dont une avant la dédicace et une à l'eau-forte
pure.

ZEEMAN (Renier).

804. Marines et Paysages. Cent six pièces.

Belles épreuves, plusieurs suites complètes, quelques doubles.

EAUX-FORTES

LITHOGRAPHIES

ALLEMAND (Hector).

805. **Paysages. Seize pièces.**

> Très belles épreuves. Rares.

AMAND-DURAND.

806. **Héliogravures d'après les estampes les plus rares de Marc-Antoine Raimondi, A. Durer, Mantegna, Ruysdaël, A. van Dyck, Claude Lorrain, etc.**

> Deux cents pièces, montées.

ANASTASI (Auguste).

807. **Paysages, d'après Corot, Dupré, Rousseau, etc. Dix-huit pièces.**

> Belles épreuves.

ANDRIEUX (A.).

808. **Scènes de la Révolution de 1848. — Après la bataille. — L'Atelier. Huit pièces.**

> Très belles épreuves, sur papier de Chine.

APPIAN (Adolphe).

809. **Paysages. Quarante-deux pièces.**

> Très belles épreuves, plusieurs sur papier du Japon, quelques doubles.

AUFRAY DE ROC'BHIAN.

810. Les Prairies et les Bois, suite de douze pièces.

> Très belles épreuves à toutes marges, dans leur couverture de publication.

BARON (JEAN).

811. Paysages. Cinquante-sept eaux-fortes et lithographies.

> Très belles épreuves.

BARYE (ANT. L.).

812. Lion de Perse. — Ours du Mississipi. Deux lithographies, in-4.

> Très belles épreuves sur Chine.

BASTIEN-LEPAGE (JULES).

813. Retour des Champs (H.-B. 1). In-4.

> Très belle épreuve avant la lettre, sur papier du Japon.

BELLEL (D'après J.J).

814. Les Vosges, vingt dessins d'après nature, lithographiés par J. Laurens, texte descriptif par Théophile Gautier. *Paris, A. Morel*, 1860. In-fol.

> Belles épreuves dans leur couverture de publication.

BLÉRY (EUGÈNE).

815. Les Quatre Grandes Plantes (H. B. 143-146). Suite de quatre pièces in-fol. — Paysages. — Plantes. Ensemble soixante-quatre pièces.

> Très belles épreuves, la plupart sur papier de [Chine. Quelques doubles.

BOCOURT (ÉTIENNE).

816. **Corot. — Courbet. — Millet.** Trois portraits in-4.

> Belles épreuves avant la lettre et avec remarques; **signées par** l'artiste.

BODMER (KARL).

817. Les deux Hérons près de la mare (L. Delteil, 6). — Canard et
      Héron (L. D. 8). Deux pièces in-8.

> Très belles épreuves du 1ᵉʳ état, avant les numéros. Collection
> Ph. Burty. On y a joint deux pièces d'après Bodmer, par Le Roux et
> Tavernier. Ensemble quatre pièces.

BONINGTON (RICHARD-PARKES).

818. Rue du Gros-Horloge, à Rouen, 1824. In-fol. (H. B. 1).

> Très belle épreuve sur Chine, à toutes marges.

819. La même pièce.

> Belle épreuve sur Chine, à grandes marges ; on y a joint la copie à
> l'eau-forte par Delaunay. Ensemble deux pièces.

820. Vue générale de l'église de Saint-Gervais et Saint-Protais, à
      Gisors. In-fol. (2).

> Très belle épreuve sur Chine, à grandes marges.

821. Tour du Gros-Horloge, à Évreux. In-fol. (4).

> Très belle épreuve sur Chine, à grandes marges.

822. Vue générale de l'église de l'Abbaye de Tournus. In-fol. (7).

> Belle épreuve sur Chine, à grandes marges.

823. Façade de l'Église de Brou. In-fol. (8).

> Très belle épreuve à grandes marges, sur Chine.

824. La même pièce.

> Deux belles épreuves avec marges, une sur Chine.

825. Pesmes (Franche-Comté). — Tombeau de Marguerite de
      Bourbon (église de Brou). — Croix de Moulin-les-Planches.
      — Vue d'une rue des faubourgs de Besançon. Quatre pièces
      in-fol. (6, 9, 13, 14).

> Très belles épreuves sur Chine, à grandes marges.

826. Maison rue Sainte-Véronique à Beauvais. — Cathédrale de Lyon.
      — Ruines du Château d'Arlay. — Rue d'un faubourg de
      Besançon. — Entrée de la rade de Rio-de-Janeiro. — Cam-
      pos sur les bords du Rio das Velhas. — Le Matin. —
      Paysage. Neuf pièces (11, 14, 15, 27-29, 45).

> Belles épreuves, la plupart sur Chine.

BONINGTON (RICHARD-PARKES).

827. *Restes et fragments d'architecture :* Titre. — La Tour du marché
de Berghes. — Maison Grande-Rue Saint-Pierre à Caen.
— Vue prise de la route de Calais à Abbeville. — Cathédrale
Notre-Dame, à Rouen, telle qu'elle était avant l'incendie de
1822. — Maison rue Sainte-Véronique à Beauvais. — Église
Saint-Sauveur à Caen. — Entrée de la salle des Pas-Perdus du
Palais de justice de Rouen. Huit lithographies d'une suite
rare de dix pièces connues sous le nom: *La Petite Normandie* (16-25).

Belles épreuves.

828. Vues pittoresques de l'Écosse, d'après Pernot. Suite complète
de onze pièces et deux culs-de-lampe pour un ouvrage de
Pichot. *Paris,* chez Gosselin et Lami-Denozan, 1826 (30-42).

Trente-quatre belles épreuves des éditions française et anglaise, la
plupart sur Chine.

829. Sujets de genre. Suite de six lithographies in-8 (47-52).

Treize belles épreuves, avec le nom de Langlumé, comme imprimeur.

830. Bologne. Eau-forte in-8 (64).

Très belle épreuve sur Chine, à toutes marges.

831. La même pièce.

Très belle épreuve, doublée.

832. Église Saint-Sauveur à Caen. — Intérieur d'une Cour à Beau-
vais. — Tombeau de Marguerite de Bourbon (église de Brou).
— Ruines du château d'Arlay. — Tour du marché, à
Bergues. — Porte à Caen (Titre). Six pièces.

Belles épreuves, quatre sur Chine.

833. Sujets de genre. — Vues. — Paysages. Quarante-cinq pièces
gravées ou lithographiées par Bracquemond, Damour, Flameng, Mouilleron, Reynolds, etc.

Belles épreuves.

BONINGTON (d'aprés RICHARD-PARKES).

834. *A Series of subjects from the Works of the R. P. Bonington.*
Titre, portrait et vingt-une lithographies par J. D. Harding.

Belles épreuves sur Chine. On y a joint quatorze lithographies par Bonington. En tout trente-sept pièces.

BONNAT (LÉON).

835. **Cogniet** (Léon), peintre. In-8.

Très belle épreuve sur papier du Japon, avant la lettre.

BONVIN (FRANÇOIS).

836. *Première suite de dix eaux-fortes par François Bonvin. Paris et Londres,* 1861 à 1871.

Belles épreuves sur papier du Japon, dans leur couverture de publication.

BRACQUEMOND (FÉLIX).

837. Le Haut d'un battant de porte (H. Beraldi 110). — Les Taupes (H. B. 134). — L'Inconnu (H. B. 174). — Vanneaux et Sarcelles (H. B. 175). — La Mort de Matamore (H. B. 177). — Frontispice (H. B. 178). — Cigognes (H. B. 179). — Le Loup dans la neige (H. B. 180). Neuf pièces.

Très belles épreuves sans lettres, à toutes marges.

838. Le Corbeau (H. B. 115; 4ᵉ état). — Le Canard (H. B. 116; 4ᵉ état). — Le Retour au Logis. — La Pépie (H. B. 138,139). Quatre pièces.

Belles épreuves.

839. Sujet tiré de la *Légende des siècles* (H. B. 182). In-4.

Très belle épreuve du 3ᵉ état, de toute rareté. Cette eau-forte n'a été tirée qu'à 6 épreuves, y compris les épreuves d'essai.

840. La Seine au Bas-Meudon (H. B. 187). In-4.

Très belle et très rare épreuve du 1ᵉʳ état, avant le ciel.

841. La même pièce.

Rare épreuve du 3ᵉ état, terminée. Elle est à toutes marges.

842. Le Bateau du Teinturier au Bas-Meudon (H. B. 192). In-8.

Très belle épreuve. Rare.

BRACQUEMOND (Félix).

843. La Nuée d'Orage (219), in-4 en **larg**.

> Belle épreuve avant la lettre, sur papier du Japon, signée par l'artiste.

844. Coucher de soleil d'après Corot (H. B. 251). — Paysage, ou le Cheval blanc, d'après le même (H.B. 252). Deux pièces in-fol.

> Très belles épreuves, avec l'adresse de Delâtre.

845. Gorge dans des rochers, d'après J. Laurens (H. B. 246, 3°état). — Les Bons Amis, d'après Decamps (H. B. 249). — Le Repos, d'après J. Stevens (H. B. 256). — Les Demoiselles de village, d'après Courbet (H. B. 281). — Métairie sur les bords de l'Oise, d'après Th. Rousseau (H. B. 289). — Vaches au bord de l'eau, d'après A. Cuyp (H. B. 291). — Le Christ sur le lac de Génézareth, d'après Eug. Delacroix (H. B. 346). — La Femme au tigre, d'après Corot (H. B. 347). Dix pièces.

> Belles épreuves.

846. **Champfleury**, d'après Courbet, frontispice, pour les *Amis de la Nature* (H. B. 374). In-8.

> Très belle épreuve imprimée en bistre.

BRENDEL (Albert).

847. Le Berger et la Mer. — Intérieur de bergerie. — Petit Intérieur de bergerie. Quatre pièces.

> Très belles épreuves avant la lettre, une sur papier du Japon.

BRESDIN (Rodolphe).

848. Le Bon Samaritain. Grand in-fol.

> Superbe épreuve sur Chine, à toutes marges.

BROWN (John-Lewis).

849. Le Maréchal de Conflans en reconnaissance. — Les Trois Cavaliers. — Le Parlementaire. — Les Deux Cavaliers. — Intérieur d'écurie. — Chasseur à cheval. — Le Maquignon. — Les Deux Chasseurs. — Le Chasseur. — Cavaliers. — L'Ordre. — Le Militaire gardant deux chevaux. — Menu, etc. Quinze pièces in-8 et in-4.

> Très belles épreuves, deux sur papier du Japon.

BRUNET-DEBAINES (ALFRED).

850. Hôtel-Dieu, derniers vestiges du pont Saint-Charles, 1872. In-fol.

> Très belle épreuve avant la lettre, sur papier du Japon, avec la signature manuscrite du graveur.

851. Notre-Dame de Bourges. — Église Saint-Vivien, à Rouen. — Intérieur de l'église Saint-Ouen, à Pont-Audemer. — Églises de... Six pièces.

> Très belles épreuves avant la lettre, deux sont sur papier du Japon.

852. Venise, d'après Ziem. — Funérailles de Wilkie, d'après Turner. — Intérieur de cour en Italie, d'après Decamps. — Paysage, d'après Michel. Cinq pièces.

> Très belles épreuves d'artiste, avant la lettre, quatre avec la signature manuscrite du graveur.

BUHOT (FÉLIX).

853. L'Hiver (place Bréda). Petit in-fol.

> Très belle épreuve.

BUTIN (ULYSSE).

854. L'Attente. Petit in-fol.

> Très belle et rare épreuve d'artiste, avec des essais de pointe sur les marges du cuivre.

CALAME (ALEXANDRE).

855. Paysages. Quarante-trois lithographies in-4 et in-fol.

> Belles épreuves.

CARRED (L.).

856. Chasseur Écossais, d'après de Beaumont. — Portrait d'acteur. Deux pièces.

> Belles épreuves avant la lettre, une est signée par l'artiste.

CHAIGNEAU (FERDINAND).

857. *Six eaux-fortes, par Ferdinand Chaigneau. Paris, Cadart,* 1862. — Le Petit Troupeau. — Moutons en plaine. Dix-sept pièces.

> Belles épreuves, plusieurs doubles.

CHAPLIN (CHARLES).

858. Sujets de genre. — Paysages. — Portraits. Vingt eaux-fortes
et lithographies.

Belles épreuves, plusieurs sont avant la lettre.

CHARLET (NICOLAS-TOUSSAINT).

859. Le Drapeau défendu. — C'est mon Père ! — L'Insubordination.
— Le Premier Coup de Feu. — L'Allocution (28 juillet 1830).
Scènes de genre, etc. Soixante-dix lithographies.

Bonnes épreuves.

CHARLET ET BOILLY.

860. Il faut en rire. — La Perruque du Grand-Père. — La Petite
Famille. — Un Brave. — Les Écoliers. Cinq pièces par
Charlet, Boilly, Reynolds et Maile.

Très belles épreuves, une est avant la lettre.

CHAUVEL (THÉOPHILE).

861. Chênes de roches (H. Béraldi, 6). — Solitude (H. B. 17). —
Passage de la Ternoise (H. B. 18). — Biches au repos
(H. B. 19). — La Grenouille et le Bœuf (H. B. 20). — Pommier
à Fleury (H. B. 24). — Les Charmes (H. B. 26). — Au Jean
de Paris (H. B. 27). — Chemin à Saint-James (H. B. 28). —
Le Chemin de la Grève (H. B. 29). — Vaches dans les genêts.
(H. B. 30). — Environs de Rouen (H. B. 32). — A Samois
(H. B. 33). — Après la Pluie (H. B. 34). — A Saint-Jean-
le-Thomas (H. B. 37). — Souvenir du Berry (H. B. 39). Dix-
huit pièces, y compris deux doubles.

Très belles épreuves.

862. La Mare, d'après Théodore Rousseau (H. B. 42). In-fol.

Superbe épreuve sur papier du Japon, les noms des artistes tracés
à la pointe.

863. Environs de Norwick, d'après Old Crome (H. B. 43). — Le
Matin, d'après H. Boulenger (H. B. 44). — Soleil couchant,
d'après Corot. (H. B. 45). — Vaine pâture dans la forêt de

Marly, d'après Jacomin (H. B. 46). — Un Village en Suède,
d'après Gegenfeld (H. B. 47). — Le Bateau de pêche, d'après
Troyon (H. B. 59). —Barques, d'après Lapostolet (H. B. 60). —
Près de Dordrecht, d'après Jongkind (H. B. 64). Huit pièces.

Très belles épreuves avant la lettre, une à l'eau-forte pure, plusieurs sur papier du Japon.

864. La Falaise, d'après van Marcke (II. B. 48). — La Hutte, d'après
Th. Rousseau (II. B. 49). — Au Printemps, d'après Daubi-
gny (H. B. 50). — Tronc d'arbre, d'après Diaz (H. B. 51). —
Falaises de Dieppe (II. B. 52). — La Barque, d'après Jules
Dupré (H. B. 56). — La Charrette de foin, d'après Jules Du-
pré (H. B. 58). — Barques, d'après Lapostolet (H. B. 60). —
La Mare, d'après Jules Dupré (H. B. 62). Neuf pièces.

Très belles épreuves avant la lettre, sur papier de la Chine ou du
Japon.

865. La Falaise, d'après van Marcke (H. B. 48). — Tronc d'arbre,
d'après Diaz (H. B. 51). — La Barque, d'après J. Dupré
(H. B. 56). — Gorges d'Apremont (II. B. 68). — L'Orage,
d'après Diaz (H. B. 70).— Lisière de bois, d'après Th. Rousseau (H. B. 71). — Six pièces.

Très belles épreuves avant la lettre.

866. L'Orage, d'après N. Diaz (H. B. 70). Grand in-fol.

Superbe épreuve avant toutes lettres, sur papier du Japon, signée
des initiales du graveur.

867. L'Orage, d'après N. Diaz (H. B. 70). — Un Coin de bois, d'après
J. Dupré (H. B. 72). — L'Abreuvoir, d'après C. Troyon
(H. B. 73). Trois pièces.

Très belles épreuves sur papier du Japon.

868. L'Orage, d'après N. Diaz (H. B. 104). Lithographie in-4.

Superbe épreuve sur Chine, avec dédicace de l'artiste, à Jules Jacquemart.

869. La même pièce.

Superbe épreuve sur double Chine.

870. Le Vaisseau Fantôme, d'après Ch. Méryon (H. B. 107). — Chien
basset, d'après Decamps (H. B. 109). Deux lithographies.

Très belles épreuves sur Chine, dont une (109) avant toutes lettres.

CHAUVEL (Théophile).

871.   Embouchure de la Toucques, d'après Bonington (H. B. 108).
       Lithographie in-4.

   Superbe épreuve sur Chine, avec dédicace de l'artiste, à Jules Jacquemart.

CHIFFLART (Nicolas-François).

872.   Salvator Rosa chez les brigands. — Triomphe de la Vérité et
       de la Justice. — Les Récompenses du Salon. — Combat
       contre des tigres. — La Douleur. — Persée. Six pièces.
   Belles épreuves.

CHINTREUIL (D'après Antoine).

873.   La Vie et l'Œuvre de Chintreuil, par A. de la Fizelière, Champ-
       fleury, F. Henriet, etc. Quarante eaux-fortes par Martial,
       Beauverie, Taiée, Lalauze, Saffrey, Selle, P. Roux. *Paris,
       Cadart*, 1878.

   Exemplaire n° 2 des 60 imprimés sur Chine, avant la lettre; on y a
   joint quelques épreuves également avant la lettre, sur vergé ancien.

CLERGET (Hubert).

874.   Vues de France et d'Allemagne. Vingt et une lithographies
       in-4.

   Très belles épreuves, neuf sont avant la lettre.

COINDRE (Gaston).

875.   Besançon qui s'en va, 1re et 2e séries. Quarante planches.

   Très belles épreuves sur Chine volant; on y a joint un exemplaire
   sur Hollande, soit en tout quatre-vingts pièces.

COROT (Camille).

876.   Souvenir d'Italie (A. Robaut, 5). — Environs de Rome (A. R. 6).
       — Paysage d'Italie (A. R. 7). — Campagne boisée (A. R. 8).
       Quatre pièces.

   Belles épreuves.

COROT (D'après CAMILLE).

877. **Portrait de l'artiste. — Paysages. Dix-huit pièces par Greux, Buhot, Brunet-Debaines, etc.**

> Belles épreuves, plusieurs sont avant la lettre.

COURTRY (CHARLES).

878. **Landes du Bassin d'Arcachon, d'après Émile van Marcke, 1873 (H. B. 24). In-fol.**

> Très belle épreuve avant la lettre, avec la signature manuscrite du graveur.

879. **Le Gué, d'après Émile van Marcke, 1872. In-fol.**

> Très belle épreuve du 1er état, à l'eau-forte pure, avec la signature manuscrite du graveur.

880. **La même pièce.**

> Très belle épreuve de la planche terminée, avant la lettre et avant que le cuivre n'ait été réduit; elle est à toutes marges et avec la signature manuscrite du graveur.

881. **L'Enclos, d'après Émile van Marcke, 1873. In-fol.**

> Très belle épreuve avant la lettre, avec la signature manuscrite du graveur.

882. **L'État-major autrichien devant le lit de mort de Marceau, d'après J.-P. Laurens. In-fol.**

> Très belle et très rare épreuve du 1er état, à l'eau-forte pure, avec dédicace du graveur.

883. **La Toilette du Grand-père, d'après Louis Leloir (H. B. 249). — Intérieur en Normandie d'après Léon Lhermitte (264). Deux pièces.**

> Belles épreuves avant la lettre, sur papier du Japon, une est signée par l'artiste.

884. **Le Derby à Epsom, d'après Géricault (256), in-fol.**

> Très belle épreuve d'artiste avant toutes lettres et avec la remarque.

885. **Le Condamné à Mort, d'après Munkacsy. — Les Glaneuses, d'après Millet. — La Coiffure de Grand-Papa, d'après L. Leloir. — Lion, d'après Barye. — Souvenir de Normandie,**

d'après Troyon. — Au Pâturage, d'après van Marcke. Six
pièces.

Très belles épreuves, dont quatre avant la lettre, sur papier du Japon.

886. Tête de femme, d'après Ricard. — L'Infante, d'après Velasquez. — Quatre Saints, d'après A. del Sarto. — Les Bai-
gneuses, d'après Carolus Duran. — Femme dans un Parc,
d'après Boucher, etc. Dix pièces.

Très belles épreuves, la plupart sur papier du Japon et avant la
lettre.

DANANCHE (Xavier de).

887. Çà et Là, dessins à l'eau-forte par Xavier de Dananche, 1866.

Suite de vingt-et-un paysages et sujets de genre imprimés sur
quatorze feuilles. Très belles épreuves sur Chine, à toutes marges.

888. Paysages. Vingt pièces in-4.

Très belles épreuves sur Chine, plusieurs avec la signature manuscrite de l'artiste.

DAUBIGNY (Charles-François).

889. Voyage en bateau; croquis à l'eau-forte. Suite de quinze pièces
et un titre.

Très belles épreuves.

890. Les Bergers sous bois. — Pommiers à Auvers. — Le Coup de
Soleil, d'après Ruysdaël. Trois pièces.

Très belles épreuves avant la lettre.

891. Cahier d'eaux-fortes, 1851. Suite de vingt-et-une pièces et un
titre.

Très belles épreuves, dans leur carton de publication.

892. Paysages. Soixante-huit pièces.

Belles épreuves, un certain nombre de doubles.

DECAMPS (Alexandre-Gabriel).

893. Une Patrouille à Smyrne (A. Moreau 11; 1er état). — Turc de-
bout (A. M. 12). — Récréation (A. M. 13; 1er état). — Les
Mendiants (A. M. 14; 1er état). — Une Rencontre (A. M. 15).
— Croquis par divers artistes (A. M. 48-67; 2e état). Qua-
rante-quatre pièces.

Belles épreuves, un certain nombre en double.

DECAMPS (Alexandre-Gabriel).

894. Gardeur de Porcs (A. M. 18; 3ᵉ état). — Village de Turquie
(A. M. 19; 3ᵉ état). — Les Deux Chiens (A. M. 20; 2ᵉ état.)
Trois pièces.

   Très belles épreuves, une en double (nᵒ 19).

895. Le Chenil (A. M. 26). — Retour de la Chasse (A. M. 28). —
L'Escalade (A. M. 29). — Chasse au furet et à blanc (A. M. 30).
— Chasse au Loup (A. M. 31). — La Chienne montrant les
dents à deux Enfants effrayés (A. M. 32). — Intérieur de
chenil (A. M. 33). Sept lithographies in-4.

   Très belles épreuves sur papier de Chine. On y a joint quatre
doubles. En tout onze pièces.

896. Croquis (A. M. 36-47). Suite de douze pièces in-4.

   Très belles épreuves du 1ᵉʳ état, une sur Chine.

897. Sujets de chasse. — Croquis par divers artistes. — Planches
extraites de l'*Artiste*, etc. Quarante-sept lithographies.

   Belles épreuves.

DECAMPS (D'après Alexandre-Gabriel).

898. Dix eaux-fortes d'après Decamps, tirées de la collection de
M. P. Périer, gravées par Alph. Masson et Louis Marvy.

   Quatre exemplaires dans leurs couvertures de publication; très
belles épreuves sur Chine.

899. Sujets et Paysages. Cent trente eaux-fortes et lithographies
par Collignon, Marvy, Mouilleron, Nanteuil, Prévost, Bouquet, etc.

   Belles épreuves, plusieurs doubles.

DELACROIX (Eugène).

900. Un Forgeron. — Juive d'Alger. — Arabes d'Oran. — Hamlet
veut suivre l'Ombre de son Père. — Jeune Tigre jouant avec
sa Mère. Six pièces.

   Bonnes épreuves.

DELACROIX (D'après EUGÈNE).

901. La Barque du Dante. — Roméo et Juliette. — Hamlet. — Le
      Prisonnier de Chillon. — La Course effrénée, etc. Vingt
      eaux-fortes et lithographies, par Flameng, d'Henriet, Le
      Roux, Mouilleron, J. Laurens, etc.

> Belles épreuves.

DELATRE (AUGUSTE).

902. Paysages. Quarante-neuf pièces.

> Très belles épreuves, plusieurs doubles.

DELAUNEY (ALFRED-ALEXANDRE).

903. *Paris pittoresque*, 1866-1870. Suite de soixante-treize plan-
      ches et une table gravée.

> Très belles épreuves sur Chine.

904. *Eaux-fortes sur le vieux Paris.* Suite de vingt-deux planches.

> Très belles épreuves à toutes marges.

905. Église Saint-Pierre à Caen, 1870. — Harfleur, vue de l'église,
      1872, (H. B. 292-293). Deux pièces in-fol.

> Belles épreuves avant la lettre, signées par l'artiste.

906. Vues et paysages. Quinze pièces.

> Très belles épreuves.

DESBOUTIN (MARCELIN).

907. **Desboutin** (Mme), femme de l'artiste (H. Beraldi, 3 et 8). —
      Desboutin fils (H. B. 4-5). — **Babou** (H. B. 11). — **Co-
      lonna** (Duchesse), Marcello (H. B. 14). — **Lepic** (Comte),
      graveur (H. B. 20). — **Ritter** (Mme Th.) (H. B. 24). — **Rouart**
      (Henri), peintre et collectionneur (H. B. 25). — **Soldi,**
      sculpteur (H. B. 26). — **Dauviller** (Mme) (H. B. 28). Onze
      portraits.

> Très belles épreuves d'artiste, plusieurs avec la signature manus-
> crite du graveur.

DESBOUTIN (Marcelin).

908. **Bouquet de la Grye** (H. B. 33). — **Burty** (M^llo), depuis
Mme Haviland (H. B. 38). — **Callias** (M^mo H. de) (H. B. 39).
— **Camus** (Mme) (H. B. 40). — **Halévy** (le fils de Ludovic)
(H. B. 50). — **Heluys** (H. B. 52). — **Levrault** (H. B. 64). —
Silvestre (Armand) (H. B. 71). — **Degas** (H. B. 85). —
Goncourt (Edm. de) (H. B. 88). — **Piet** (Alfred), biblio-
phile (H. B. 100). Douze portraits.

> Très belles épreuves d'artiste, deux avec la signature manuscrite du
> graveur.

909. **Desboutin** (Mme) (H. B. 8). — **Desboutin fils** (H. B. 6 et 33).
— **Renoir**, peintre (H. B. 23). — **Lochard**, photographe,
(H. B. 65). — **Cadart** (H. B. 78). — **Rouquette**, libraire,
(H. B. 107). — **Sandeau** (Jules). — Portraits anonymes.
Seize pièces.

> Très belles épreuves d'artiste, sauf le n° 8 qui est avec la lettre.

DESNOYERS (A.-G.-L. Boucher, Baron).

910. **Talleyrand-Périgord** (Ch. Maurice de), d'après F. Gérard.
In-fol.

> Très belle épreuve avec le cachet des Ptolémée.

DETAILLE (Édouard).

911. Feuille de croquis : Muscadins, Grenadier de la Garde, Dragon,
Personnage Louis XIII, etc. Eau-forte in-4.

> Très belle épreuve avec la signature autographe de l'artiste.

912. Un Uhlan. Petit in-fol.

> Très belle épreuve avant la lettre, sur papier du Japon.

913. La même pièce.

> Très belle épreuve, en mêmes conditions.

914. Cavalier bavarois, 1871. Lithographie.

> Très belle épreuve avant la lettre, avec la signature manuscrite de
> l'artiste.

DETAILLE (Édouard).

915. Escadron en marche, croquis d'Allemands, Grenadier, etc., 1871. Lithographie.

Très belle épreuve avant toutes lettres, sur Chine, avec dédicace.

916. L'Enfouisseur et son Compère. Eau-forte in-8 pour les *Fables de La Fontaine* (édition des douze peintres).

Très belle épreuve avant la lettre, avec dédicace.

917. Trompette de Chasseurs à cheval. — Chasseur à cheval, de profil. — Chasseur à cheval, vu presque de dos. Trois pièces in-4.

Très belles épreuves avant la lettre, une sur papier du Japon.

DEVÉRIA (Achille).

918. **Grévedon** (Henri), lithographe. In-fol.

Très belle et rare épreuve sur Chine.

D'HENRIET.

919. Le Naufrage de la Méduse, d'après le dessin de Géricault. Grand in-fol.

Superbe épreuve du 1er état, avec dédicace du graveur.

DIAZ (Narcisse).

920. La Mort de peur. — Les Larmes du veuvage. — Les Joies du mensonge. — Les Maléfices de la beauté. Quatre lithographies.

Dix belles épreuves de divers tirages.

DIAZ (D'après Narcisse).

921. Paysages et Sujets de genre. Vingt-six pièces gravées ou lithographiées pàr Collignon, Le Roux, Geoffroy, Potémont, etc.

Belles épreuves, plusieurs sont avant la lettre.

DIDIER (ACHILLE).

922. Portrait d'homme. — Sibylle, d'après Michel-Ange. — Portrait
      d'homme, d'après D. Fiorentino. — L'Ame, d'après Prud'hon.
      — Pastorella, d'après Hébert. Cinq pièces.

      Très belles épreuves, deux sont avant la lettre.

DUFEU (E.).

923. Vues d'Égypte. Suite de treize pièces et un titre.

      Deux exemplaires. Belles épreuves sur Chine.

DUPRÉ (JULES).

924. Vue prise à Alençon (H. B. 1). — Paysage du Limousin (H. B. 2).
      — Moulin de la Sologne (H. B. 3). — Vue prise en Normandie
      (H. B. 4). — Vue prise dans le port de Plymouth (H. B. 5).
      — Vue prise en Angleterre (H. B. 6). — Bords de la Somme
      (H. B. 7).

      Quinze belles épreuves de divers tirages.
      N. B. — Ces sept lithographies forment l'œuvre complète du maître.

DUPRÉ (D'après JULES).

925. Paysages. Vingt pièces gravées ou lithographiées par Alophe,
      Marvy, Greux, Mongin, etc.

      Belles épreuves, plusieurs sont avant la lettre.

EAUX-FORTES MODERNES.

926. *L'Eau-forte en 1877.* Paris, veuve Cadart, 1877. Trente
      pièces gravées par Chaplin, Lalauze, Daubigny, Lançon,
      Protais, Montbard, Brunet-Debaisnes, J.-P. Laurens, J. Le-
      febvre, Chauvel, Hédouin, Benjamin-Constant, Buhot, Ribot,
      Falguière, Rops, etc.

      Très belles épreuves sur Japon, dans leur carton de publication.
      Exemplaire n° 9 des 25 sur Japon avant la lettre.

927. *L'Eau-forte en 1878.* Paris, veuve Cadart, 1878. Trente
      pièces gravées par Chifflart, Jacquemart, Chauvel, Bastien-
      Lepage, Flameng, Lhermitte, Luminais, Pelouse, Duez,
      Gervex, etc.

      Très bel exemplaire d'artiste, sur Hollande.

EAUX-FORTES MODERNES.

928. Scènes de genre. — Paysages. Vingt-et-une pièces gravées par J. W. van Borselen, Lanoue, Kuytenbrouwer, H. de Braekeleer et F. Bovie, peintres belges.

Très belles épreuves, rares.

929. Sujets divers et Paysages. Vingt-et-une pièces par Courtry, Lalauze, Adeline, Michelin, de Bellée, Gaujean, etc.

Belles épreuves, plusieurs sont avant la lettre sur papier du Japon.

930. Sujets divers et Paysages. Trente-deux pièces par Ch. Damour, L. Massard, Léo Drouyn, Le Couteux, etc.

Très belles épreuves, plusieurs sont avant la lettre.

931. Sujets divers et Paysages. Vingt-quatre pièces par Boilvin, Chauvel, Adeline, L. Muller, Brunet-Debaines, etc.

Belles épreuves, plusieurs sont avant la lettre.

932. Sujets divers et Paysages. Trente-deux pièces d'après divers artistes, par Ramus, Milius, Martinez, Greux, etc.

Très belles épreuves avant la lettre, sur papier du Japon.

933. Sujets et Paysages. Soixante-cinq pièces par ou d'après divers artistes.

Belles épreuves, plusieurs sont avant la lettre, un certain nombre sur papier du Japon.

934. Paysages. Vingt pièces gravées par Jolivard, Cordouan, Duclaux, Guindrand, Thuillier, Charmier, etc.

Très belles épreuves.

935. Planches extraites de l'*Illustration nouvelle*, publiée par Cadart. Cent pièces.

Belles épreuves, la plupart sans lettres.

936. Planches extraites de l'*Illustration nouvelle*, publiée par Cadart. Cent pièces.

Belles épreuves, la plupart sans lettres.

937. Planches extraites de l'*Illustration nouvelle*, publiée par Cadart. Cent pièces.

Belles épreuves, la plupart sans lettres.

EAUX-FORTES MODERNES.

938. Planches extraites de l'*Illustration nouvelle*, publiée par Cadart. Cent pièces.

> Belles épreuves, la plupart sans lettres.

939. Sujets. — Paysages. — Marines. Cent soixante pièces extraites de catalogues de ventes.

940. Sujets divers et Paysages. Vingt-neuf pièces gravées par Manet, Lançon, Meryon, Huet, Duez, Bracquemond, etc.

> Belles épreuves, plusieurs sont avant la lettre.

EDWARDS (Edwin).

941. Paysages. Cent quatre-vingt-huit pièces.

> Très belles épreuves, la plupart sur papier du Japon, un certain nombre de doubles.

EVERSHED, HESELTINE et RIDLEY.

942. Paysages et Marines. Quinze pièces.

> Très belles épreuves, la plupart sur papier du Japon.

FANTIN-LATOUR (Henri).

943. Un morceau de Schumann (le graveur Edwin Edwards et sa Femme). Eau-forte in-4.

> Belle épreuve, à toutes marges.

FEYEN-PERRIN (Auguste).

944. Sujets divers et Paysages. Quinze pièces.

> Belles épreuves, la plupart avant la lettre.

FLAMENG (Léopold).

945. Jésus guérissant les Malades, d'après l'eau-forte de Rembrandt connue sous le titre de : *Pièce aux Cent Florins*. In-fol.

> Deux très belles épreuves, dont une avant la lettre sur papier du Japon.

FLAMENG (Léopold).

946. La Ronde de Nuit, d'après Rembrandt. In-fol.

Superbe épreuve avant toutes lettres sur Japon, avec la signature manuscrite du graveur.

947. Borgia devant le corps d'Isabelle d'Este, d'après **J.-P. Laurens**. — Les Emmurés de Carcassonne, d'après le même. — Le Lutrin, d'après Fr. Flameng. — L'Enfant bleu, d'après Gainsborough. — Femme au Bain. — La Coquette, d'après A. Stevens. — **Sophia-Mathilda**, d'après **Reynolds**. — **J.-P. Laurens**, d'après lui-même. — Portrait d'homme, d'après La Tour. Dix pièces.

Très belles épreuves, neuf avant la lettre sur papier de Chine et du Japon.

948. Sujets divers d'après lui-même ou d'après Rembrandt, Velasquez, de Troy, etc. Vingt pièces.

Belles épreuves, quatre sont avant la lettre.

FLANDRIN (Hippolyte).

949. *Frise de la nef de l'église Saint-Vincent-de-Paul, peinte par Hippolyte Flandrin, membre de l'Institut de France, reproduite par lui en lithographie.* Album composé de quatorze planches in-fol.

Belles épreuves sur Chine, en un vol., cart. obl.

FORTUNY (Mariano).

950. Garde de la Casbah à Tetuan (H. B. 5). In-4.

Très belle épreuve à toutes marges.

FOULQUIER (Valentin).

951. Portrait et cinquante vignettes têtes de pages, pour les *Fables de la Fontaine*. — Portrait et dix-sept vignettes têtes de pages, pour les *Caractères de La Bruyère*. Soixante-neuf pièces.

Très belles épreuves avant la lettre, sur Chine volant.

FRANÇAIS (François-Louis).

952. Vues et Paysages. Cinquante-neuf lithographies originales et
d'après Dupré, Marilhat, Rousseau, Diaz, Troyon, etc.
Très belles épreuves, plusieurs doubles.

FUMÉS.

953. Vignettes et Culs-de-lampe d'après Gigoux, Johannot, Marville
et autres pour Gil-Blas, Béranger, Paul et Virginie, etc.
Soixante-six pièces.

GAILLARD (Claude-Ferdinand).

954. **Léon XIII, pape.** In-fol.
Très belle épreuve sur Chine, à grandes marges.

955. Portrait d'homme (M. Langlade). — Tête de femme. Deux
petites pièces.
Très belles épreuves sur papier du Japon, avec la signature manuscrite de l'artiste.

GAUCHEREL (Léon).

956. *Rapport à S. M. l'Impératrice sur les Établissements de Bienfaisance.* Suite de vingt-cinq planches. — Paysages et Marines, — Fleurs, etc. Cinquante-six pièces.
Belles épreuves, plusieurs sont avant la lettre.

GAVARNI (Sulpice Chevallier, dit).

957. **Monnier** (Henry), 1er avril 1840. In-4.
Très belle épreuve.

GÉRICAULT (Théodore).

958. Études de Chevaux (Ch. Clément 47-58). Suite de douze pièces
et une couverture.
Belles épreuves avec l'adresse d'Engelmann.

GÉRICAULT (Théodore).

959. Suite de huit sujets (Ch. C. 59-66), 1er état. — Suite de sept
pièces (Ch. C. 67-73). — Suite de cinq pièces (Ch. C. 87-91).
— Suite de quatre pièces, en collaboration avec Eug. Lami
(Ch. C. 92-95). Ensemble vingt-quatre pièces.

Bonnes épreuves; on y a joint plusieurs doubles.

960. Études de chevaux (Ch. C. 74-86). Suite de treize pièces
(y compris le titre) connues sous la dénomination : *les
Grands Chevaux de Géricault.*

Très belles épreuves du 1er état, sur Chine.

961. La même suite.

Très belles épreuves du même état, sur blanc.

962. La même suite, incomplète d'une planche. Trente et une
pièces.

Belles épreuves, un certain nombre de doubles.

GÉRICAULT (Par et d'après Théodore).

963. Études de Chevaux. Cinquante-quatre pièces.

Belles épreuves.

GILBERT (Achille).

964. Portrait de jeune fille d'après Amaury-Duval (H. B. 52). — Les
Lutteurs, d'après A. Falguière (H. B. 70). — **Molière,**
d'après Mignard (H. B. 90). — **Herzog** (Mme), d'après Hen-
ner (H. B. 115). — **Rousseau** (Philippe), peintre, d'après
Dubufe (H. B. 117). Cinq pièces.

Très belles épreuves, quatre sur papier du Japon avant la lettre; on
y a joint une épreuve double du n° 115 avec la lettre.

965. Les Moutons sortant de la Bergerie, d'après Ch. Jacque. Grand
in-fol.

Superbe épreuve sur papier du Japon, avec remarque, signée des
artistes.

GONCOURT (Jules de).

966. Jeune femme accrochant un tableau, d'après H. Fragonard.
— Le Grand-Père, d'après H. Fragonard. — Chardin, d'après
La Tour. — Tête de femme, d'après Gavarni. Quatre pièces.

Très belles épreuves, trois sont avant la lettre sur papier de Chine.

GOYA Y LUCIENTES (D. Francisco).

967. **Olivarès** (G. de Guzman, comte d'). — **Carlos** (D. Baltazar),
prince d'Espagne. Deux portraits in-fol.

Belles épreuves.

968. **Philippe III**, roi d'Espagne. — **Marguerite d'Autriche**,
femme de Philippe III. Deux portraits in-fol.

Belles épreuves.

969. **Philippe IV, roi d'Espagne.** — **Isabelle de Bourbon**,
femme de Philippe IV. Deux portraits in-fol.

Belles épreuves à grandes marges.

GUDIN (Théodore).

970. Marines. Trente eaux-fortes et lithographies.

Belles épreuves.

HÉDOUIN (Edmond).

971. La Dame au chapeau, d'après Ch. Chaplin, 1877. In-4.

Très belle épreuve avant la lettre, sur papier du Japon.

972. Sujets divers, d'après Boucher, Bida, Millet, Leleux, etc. Vingt
pièces.

Belles épreuves, plusieurs sont avant la lettre, sur papier du Japon.

HENRIQUEL-DUPONT (Louis-Pierre).

973. **Henriquel**, père du graveur, maître d'armes, 1818. In-8.

Très belle épreuve sur Chine.

HENRIQUEL-DUPONT (Louis-Pierre).

974. **Grégoire XIV**, d'après Paul Delaroche (H. B. 68). — **Pastoret** (C. J. P., marquis de), d'après Paul Delaroche (H. B. 54). — **Vernet** (Carle), d'après Paul Delaroche (H. B. 52). Trois portraits.

> Très belles épreuves.

HERVIER (Adolphe).

975. Paysages. — Intérieurs d'églises. — Scènes de campagne. — Marines. — Croquis divers. Soixante-dix pièces.

> Très belles épreuves, la plupart avant la lettre sur Chine, quelques-unes très rares.

HILLEMACHER (Frédéric).

976. La Grazia. In-8.

> Très belle épreuve du 1er état, à toutes marges. Rare.

HUET (Paul).

977. Six eaux-fortes par Paul Huet (H. B. 58-64), 1835 : 1. Le Héron. — 2. L'Inondation. — 3. La Maison du Garde. — 4. Les Deux Chaumières. — 5. Le Braconnier. — 6. Un Pont en Auvergne. Sept pièces in-fol., y compris le titre.

> Superbes épreuves sur Chine, à toutes marges ; le titre est sur papier jaune, avec marges.

978. Planches 1, 2, 3, 4, 5 et 6 de la même suite. Huit pièces.

> Très belles épreuves, plusieurs doubles.

979. *Eaux-fortes de Paul Huet*, de 1830 à 1868 : 1. Maison de garde. — 2. Saulée, environs de Paris. — 3. Le Château des Papes à Avignon. — 4. Orage au Mont-Dore. — 5. Vue générale de Rouen. — 6. Marée d'équinoxe à Honfleur. — 7. Vue de Spolette. — 8. Rochers, près de Nice. — 9. Ruisseau de Saint-Pierre, près Pierrefonds. — 10. Les Vaux de Cernay. — 11. Entrée en Forêt. — 12. Chaumière normande. — 13. Chaumière de l'ancien Trouville. — 14. Cour dans la

Vallée d'Auge. — 15. Vieilles Maisons à Honfleur. — 16. Soir d'Été. — 17. Le Cavalier.

> Dix-sept pièces publiées par Goupil; superbes épreuves in-fol., sur Chine, dans leur cartonnage de publication.

980. Paysages, 1830 : 1. Les Braconniers. — 2. La Maison du Maréchal. — 3. Le Soir. — 4. Le Clocher de Honfleur. — 5. Les Ormeaux. — 6. Le Ruisseau. — 7. Le Crépuscule. — 8. L'Entrée du Bois. — 9. La Plage. — 10. Le Matin. — 11. Gros temps. — 12. La Prairie (H. B. 6-18). Suite de douze lithographies.

> Très belles épreuves sur Chine, avec l'adresse de C. Motte.

981. Vues et paysages. Vingt eaux fortes et lithographies.

> Belles épreuves.

INGRES ET HERSENT (D'après).

982. Odalisque. — Daphnis et Chloé. — Ruth et Booz. — Bienfaisance de Louis XVI. Cinq pièces in-fol., gravées ou lithographiées par Sudre, Gelée, P. Adam et Â. Tardieu.

> Belles épreuves avant la lettre, la dernière à l'état d'eau-forte.

ISABEY (Eugène).

983. *Souvenirs d'Eugène Isabey*, 1832 (H. B. 1-7). Suite de six ? lithographies publiées par V. Morlot. In-fol.

> Très belles épreuves dans leur couverture de publication; cinq sont sur Chine.

984. *Six Marines dessinées sur pierre par Eug. Isabey, 2º cahier 1833* (H. B. 8-14). Suite de six lithographies in-fol. et une couverture illustrée.

> Très belles épreuves sur Chine, dans leur couverture de publication.

985. Vues et paysages. Six pièces in-fol.

> Très belles épreuves avant toutes lettres.

986. Normandie. — Bateaux de pêcheurs en rade. — Brick échoué. — Côte de Douvres. — Marée basse. — Marines, essais de lavis. — Environs de Dieppe. — Bateaux de pêcheurs, etc. Dix-sept pièces.

> Belles épreuves, plusieurs sur Chine.

ISABEY (Eugène).

987.   Gorge de Royat. — Donjon du château de Polignac. — Croix
du village des Bains au Mont-D'or. — Lac d'Aidat. — Croquis par divers artistes (n°s 5, 6, 13, 14, 27, 28, 43, 44, 53,
54, 66, 69 et 70). Vingt-neuf pièces.

Belles épreuves, plusieurs sur Chine.

JACQUE (Charles).

988.   Son œuvre composé de neuf cent vingt-deux pièces comprenant environ trois cent quatre-vingt-cinq planches en
divers états ou de différents tirages.

Cet œuvre, un des plus beaux connus, a été formé avec beaucoup de soin et classé d'après le Catalogue dressé par
M. J. Guiffrey.

Il sera vendu dans son entier.

SÉRIE A. — EAUX-FORTES

1.	Un Courlis mort (Guiffrey, 3), 1er et 2e état.	2
2.	Lisière de bois (4).	5
3.	Petite Femme tenant un seau au bord d'un puits (5)	2
4.	Un Homme dans une cave (6), deux états.	4
5.	Petit Moulin à Montmartre (7).	5
6.	Dessous de porte (8).	5
7.	Charrette près d'une maison (9).	2
8.	Enfants en prière (11) 1er état avant la lettre, tirée avec le n° 9. 2e état avec la lettre.	3
9.	Buveur (12).	2
10.	Escalier devant une maison (13), 1er état.	3
11.	Une Maison de paysan à Cricey (14), 2e et 3e état	3
12.	Masures (15), 2e état	2
13.	Tête de vieillard (18), 2e état	2
14.	Fumeur (19), 1er et 2e état.	4
15.	Liseurs (20), 1er et 3e état	2
16.	Joueur d'orgue (21), 2e et 3e état	3
17.	Petit mendiant (22), 1er et 2e état	2
18.	Paysage d'hiver avec maison (23), 2e, 3e et 4e état	3
19.	Les Grands Chanteurs (25)	3
20.	Le Tueur de cochons (26), 2e et 3e état.	5
21.	La Cruche cassée (27), 1er et 2e état.	4
22.	Paysage (28), un exemplaire avec six autres sujets sur la même planche (n°s 22, 30, 31, 29, 276, 281)	3
23.	Mendiant (29), 1er, 2e et 3e état.	3
24.	Paysage (30)	3
25.	Mendiant (31), 1er, 2e et 3e état	3

Série A. — *Eaux-fortes. Supplément.*

SÉRIE B. — POINTES-SÈCHES

EAUX-FORTES.

Série B. — Pointes sèches. Supplément.

SÉRIE C. — DIVERS ET PUBLICATIONS ILLUSTRÉES

JACQUE (Charles)

989. Sujets divers et Paysages. Soixante-dix pièces originales ou
      apocryphes.

    Belles épreuves.

JACQUE (Léon).

990. Paysages. — Intérieurs de Fermes. — Moulins à Montmartre.
— Moutons. — Coqs et Poules, etc. Quinze pièces.

Belles épreuves.

JACQUEMART (Jules).

991. Le Vieux Marché à Fécamp, 1863.

Trois épreuves très belles, dont une du 1ᵉʳ état, avant que la planche
n'ait été coupée.

992. Huit Études et Compositions de Fleurs (H. B. 318-325, 3ᵉ état).
— Souvenirs de voyage (H. B. 329). — L'Écureuil et la
Mouche (H. B. 330). — Titre pour la Société des Aquafor-
tistes (H. B. 331). — Plantes de serre (H. B. 332). — Au
bord de l'eau (H. B. 340). — Vue prise de la fenêtre de l'artiste (H. B. 341). — Les Quatre Éléments (H. B. 342-347).
Vingt-deux pièces.

Belles épreuves.

993. Buste de Henri III. — Trépied, d'après Gouthière. — Sujets
d'après Van der Meer, Goya, Rubens. Huit pièces.

Belles épreuves, trois sont avant la lettre.

994. Portraits. — Sujets. — Paysages et Natures mortes, d'après
Hals, Rembrandt, Van Goyen, K. de Moor, Greuze, etc.
Douze pièces in-4.

Belles épreuves, la plupart avant la lettre, quelques-unes sur papier
du Japon.

JONGKIND (Jean-Barthold).

995. La Chaumière. — Vue de la ville de Maaslins (Hollande). —
Marines. Six pièces.

Très belles épreuves.

LALANNE (Maxime).

996. Rue des Marmousets (H. Beraldi 1). — Démolitions pour le
percement du boulevard Saint-Germain (H. B. 4). — Perce-

ment de la rue des Écoles (H. B. 5). — A Neuilly (H. B. 7).
— Vue prise du pont Saint-Michel (H. B. 8). — A Cussey
(H. B. 9). — Richmond, près de Londres (H. B. 57). — A
Haarlem (H. B. 103). — Les Ormeaux de Cénon (H. B. 109).
— Rue de Morlaix (H. B. 111). — Un Vieux Quartier de Vitré
(H. B. 112). — Vitré (H. B. 113). — Un Vieux Port de la
Normandie (H. B. 114). Dix-huit pièces.

> Très belles épreuves d'artiste, avant la lettre, la plupart avec la
> signature manuscrite du graveur.

997.   Rue de la Tonnellerie (maison dite de Molière) (H. B. 2). — Aux
        Environs de Paris (H. B. 6). — A Neuilly (H. B. 7). — Vue
        prise du pont Saint-Michel (B. H. 8). — A. Cusset (H. B. 9).
        — A Bordeaux (H. B. 10). — A Fribourg (H. B. 46). — Vil-
        lage de Bourgogne (H. B. 92). — Vieux Quartier d'Amsterdam
        (H. B. 104). — Trouville, marée basse (H. B. 116). — Port
        de Trouville (H. B. 117). Seize pièces.

> Très belles épreuves d'artiste, plusieurs avec la signature manus-
> crite du graveur.

998.   *Chez Victor Hugo par un Passant*, 1864 (H. B. 11-22), suite de
        douze pièces. — *Traité de la Gravure à l'eau-forte* (H. B.
        23-30). Suite de huit pièces. — Croquis à l'eau-forte (H. B.
        58-69). Suite de douze pièces. — Souvenirs artistiques du
        Siège de Paris (H. B. 70-83). Suite de douze pièces. En
        tout cinquante-six pièces.

> Très belles épreuves, la plupart avec la signature manuscrite de
> l'artiste ; la suite (11-22) est double.

999.   Vues et Paysages. — Reproductions, d'après les Maîtres. Cent
        sept pièces.

> Très belles épreuves, un certain nombre en épreuves d'artiste, avec
> la signature manuscrite du graveur ; plusieurs doubles.

LAMBERT (Eugène).

1000.   Une Place enviée. — Les Deux Chats et le Coucou. — Les Chats
         à la quenouille. — Les Chats et la Tortue. — Les Chats dans
         le panier. Six pièces.

> Très belles épreuves d'essai, avant toutes lettres, à toutes marges,
> deux avec dédicaces.

LANÇON (Auguste).

1001. Un Vieux Lion. — Lion assis. — Lionne assise. — Lionne au repos. Quatre pièces.

> Très belles épreuves avant la lettre, sur papier du Japon.

LAURENS (Jean-Paul).

1002. Les Enfants de J.-P. Laurens (H. B. 2). In-4.

> Très belle épreuve avant la lettre, sur papier du Japon.

LAURENS (Jules).

1003. Sujets et Paysages, d'après Diaz, Dupré, Marilhat, Rousseau, Troyon, etc. Quarante-deux lithographies et eaux-fortes.

> Très belles épreuves.

LEGENISEL (A.).

1004. **Dumas fils** (Alex.). In-8.

> Très belle épreuve avant la lettre sur papier de Chine.

LEGROS (Alphonse).

1005. Portrait d'homme. — Les Chantres espagnols. Deux pièces petit-in-fol.

> Très belles épreuves sans lettre, la première sur papier du Japon.

LE RAT (Paul).

1006. Sujets divers et Portraits, d'après divers artistes. Douze pièces.

> Très belles épreuves avant la lettre, quelques-unes sur papier du Japon.

LHERMITTE (Léon).

1007. Épicerie de village. — La Marchande de poisson. — La Vierge de Kersaint. Trois pièces in-4.

> Très belles épreuves avant la lettre, deux sur papier du Japon.

LUMINAIS (Alexandre-Évariste).

1008. Désespoir. — Rapt de troupeaux. — Les Deux Cavaliers. Trois pièces.

> Très belles épreuves avant la lettre, deux sur papier du Japon.

MARVY (Louis).

1009. Paysages. Deux cent quatre-vingt-deux pièces.

> Belles épreuves, plusieurs doubles.

MEISSONIER (Ernest).

1010. Le Grand Fumeur, 1843 (H. B. 13). In-8.

> Très belle épreuve, sans marge.

MEISSONIER (D'après Ernest).

1011. L'Audience, gravé par Ch. Carey. In-4.

> Très belle épreuve sur Chine, à grandes marges. On y a joint une épreuve rognée et remargée du Liseur, par le même graveur.

1012. Les Amateurs de peinture, gravé par L. Flameng. In-4.

> Très belle épreuve avant la lettre, sur Chine, avec dédicace du graveur à Léon Gaucherel.

1013. L'Ordonnance, gravé par Augustin Mongin. Petit in-fol.

> Très belle et très rare épreuve du 1er état à l'eau-forte pure, avec la signature manuscrite du graveur.

1014. Le Général Duroc, gravé par L. Monziès. In-4.

> Deux très belles épreuves avant la lettre, sur papier du Japon.

1015. Le Fumeur flamand, ou le neveu de Rameau, gravé par Rajon. In-8.

> Très belle épreuve avant la lettre, sur Chine volant.

1016. Le Peintre, gravé par Rajon. In-8.

> Très belle épreuve, à grandes marges.

1017. Le Liseur, gravé par Jules Jacquemart.

> Très belle épreuve avec le nom du graveur, mais avant toute autre lettre; elle est à grandes marges.

MEISSONIER (D'après ERNEST).

1018. Les Populations Lorraines défilant devant l'Impératrice Eu-
génie et le Prince impérial, à Nancy, gravée par Jules Jacquemart. Petit in-fol.

Très belle épreuve avant la lettre.

1019. La même pièce.

Très belle épreuve du même état.

1020. Le Joueur de guitare. — Soldat sous Louis XIII. — Un Lans-
quenet. Quatre petites pièces, gravées par P. Le Rat.

Belles épreuves, une en double avant toutes lettres et avant la ré-
duction du cuivre.

1021. Une Lecture chez Diderot. — Le Sergent recruteur. — Gui-
tariste. — Le Hallebardier, etc. Dix pièces gravées ou lithographiées par Hédouin, Mouilleron, Nanteuil, Mongin,
Toussaint, Dufourmantelle et Greux.

Belles épreuves.

MENUS.

1022. Menus des dîners des *Eclectiques*. Trente-deux pièces gravées
par Karl Fichot, Bouvenne, Edm. Morin, Regamey, Joseph
Blanc.

Belles épreuves.

MICHELIN (JULES).

1023. Le Bas Breau. — Les Saules. — La Mare. — Châtaigners à
Royat. Quatre belles pièces in-4.

Huit superbes et rares épreuves d'états, plusieurs sur Japon, avec la
signature manuscrite de l'artiste.

1024. Prairie de Montgeron. — Un Châtaigner. — L'Ile de la Mou-
tarde, à Montgeron. — Le Pont de bois, près Vichy. —
En Normandie. — La Ferme, 1861. — La Rivière bordée
d'arbres. — La Bourboule. Huit belles pièces in-8 et in-4.

Dix superbes et rares épreuves d'états, plusieurs sur Japon, avec la
signature manuscrite de l'artiste.

MICHELIN (JULES).

1025. Carte de visite de M. Bucking. — Le Griffon anglais. — Le Bûcheron. — A Manchester. — Les Eaux stagnantes. — A la Bourboule. — Rivière d'Hyères. — Près du pont de Crosne. — L'Inondation. — Une Rivière. — Après la pluie. — Les Deux Chaumières entourées d'arbres. Douze pièces in-8 et in-4.

Quatorze superbes et rares épreuves d'états, la plupart avec la signature manuscrite de l'artiste.

1026. *Seize gravures a l'eau-forte par Jules Michelin.* A. Cadart et Chevalier, édit. Suite de seize pièces dans leur couverture de publication.

Très belles épreuves du tirage avant les numéros, avec la signature manuscrite de l'artiste sur le titre.

1027. Rivière d'Hyères. — Les Eaux stagnantes. — Près du pont de Crosne. — Dans l'île de Croissy. — Noyers à Clermont-Ferrand. — Près La Haye. — Près d'Arras. — Une Ferme. — Les Saules. — Une Rigole (forêt de Sénart). — Après la pluie. — Une Mare à Rochecorbou. — Paysages en forme de frise. Quatorze pièces, eaux-fortes et lithographies.

Vingt-trois belles épreuves, plusieurs avant la lettre.

MILIUS (FRÉDÉRIC).

1028. Sujets de Paysages, d'après Diaz, Goya, Greuze, Moro, Rubens, etc. Vingt-trois pièces.

Très belles épreuves d'artiste, plusieurs à l'état d'eau-forte pure.

MONZIÉS (LOUIS).

1029. Merveilleuse, d'après J. Goupil. — Le Fou, d'après Wouters. — Portraits de M. et de Mme Edwin Edwards, d'après H. Fantin-Latour. Trois pièces in-4.

Très belles épreuves avant la lettre, sur papier du Japon.

MOUILLERON (ADOLPHE).

1030. Sujets de genre et Paysages, d'après Decamps, Diaz, Millet, Rousseau, etc. Vingt-six pièces.

Très belles épreuves.

NANTEUIL (Célestin).

1031. Sujets de genre. — Paysages. — Titres de romances. Trente-
sept pièces.

Très belles épreuves, plusieurs doubles.

NEUVILLE (Alphonse de).

1032. Mobiles à la tranchée (Siège de Paris). In-4.

Très belle épreuve avant la lettre.

NICOLLE (Émile-Frédéric).

1033. *Vieux Rouen. X Croquis dessinés d'apres nature et gravés à
l'eau-forte. Paris, Vve Cadart.* Suite de dix pièces in-fol.

Très belles épreuves sur papier du Japon, dans leur couverture de
publication.

NIEL (Mlle Gabrielle).

1034. Vues du Vieux Paris (H. B. 1-11). Suite de onze pièces, y
compris le titre, et dont voici la désignation : 1. Couverture. — 2. Maisons rue du Cloître-des-Bernardins,
(2 épreuves). — 3. Ancienne École de Médecine. —
4. Abside de Saint-Julien-le-Pauvre. — 5. Restes gothiques
de l'Hôtel-Dieu. — 6. Parvis Notre-Dame. — 7. Rue Ga-
lande. — 8. Cour Charlemagne. — 9. Palais Abbatial de
Saint-Germain-des-Prés. — 10. Cour de l'hôtel de La Vieu-
ville. — 11. Vue de l'hôtel Lambert. In-fol.

Superbes épreuves à toutes marges, dans la couverture de publication.

1035. Les Cagnards de l'Hôtel-Dieu (H. B. 12). — Ruines de l'hôtel
Bretonvillers, à Paris. — Saint-Julien-le-Pauvre. — Châ-
teau de Clisson. — Venise. — Église Saint-Jean à Lyon.
Six pièces.

Très belles épreuves, quatre sur papier du Japon.

1036. Salle des Pas-Perdus au Palais de Justice après l'incendie de
1871 (13). In-fol.

Belle épreuve.

PICCINI (Antonio).

1037. Souvenirs de Rome. Douze eaux-fortes précédées d'une pré-
face de Jules Claretie. *Paris, Vve Cadart*, 1878. In-fol.

> Très belles épreuves sur papier du Japon; on y a joint six autres
> planches également sur papier du Japon. En tout dix-huit pièces.

PICCINI (Antonio).

1038. La même suite.

> Très belles épreuves en mêmes conditions.

PORTRAITS MODERNES.

1039. **Casimir-Périer. — Changarnier. — Géricault. — G.
Sand. — Gessner. — Foy** (G^{al}). **— Jefferson. — Denon.
— Hubert Robert**, etc. Dix-sept portraits gravés ou
lithographiés par Calamatta, Aubry-Lecomte, Mauzaisse,
F. Girard, Miger, Metzmacher, etc.

> Belles épreuves, plusieurs sont avant la lettre.

POTEMONT (Adolphe-Martial).

1040. La Merveilleuse, d'après Jules Goupil. In-fol.

> Très belle épreuve du 1er état, non terminée.

1041. *Annuaire des Beaux-Arts pour 1875, notes et eaux-fortes.*
Album de trente-deux pièces.

> Très bel exemplaire sur Chine volant, en feuilles, dans la couver-
> ture de publication.

1042. Le Boulevard du Temple (les Théâtres). In-4.

> Très belle et rare épreuve avant la lettre, non entièrement ter-
> minée.

1043. Lettres illustrées sur les Salons de 1865 et de 1866. — Lettre
sur les éléments de la gravure à l'eau-forte. — Paysages.
Cinquante-quatre pièces in-4 et in-fol.

> Très belles épreuves.

1044. Paris pendant le Siège, 12 pièces. — Les Prussiens chez
nous, 12 pièces. — Paris sous la Commune, 12 pièces. —

Paris incendié, 12 pièces. En tout quarante-huit eaux-fortes dans leurs couvertures de publication.

Très belles épreuves.

1045. Rues de Paris : Rue du Gindre. — Rue Sainte-Marthe. — Cuisines de l'Hôtel-Dieu. — Rue de Lourcine. — Mabille et le Château des Fleurs. — Rue de... —Maison près la porte de Neuilly, 1871. Huit pièces in-fol.

Très belles épreuves, dont deux avant la lettre.

POTÉMONT (Adolphe-Martial) et TRIMOLET.

1046. Vues de Paris. Douze pièces.

Très belles épreuves, deux sont avant la lettre.

QUEYROY (Armand).

1047. Monuments du centre de la France. Vingt-sept pièces.

Très belles épreuves.

1048. *Le Vieux Moulins*, vingt eaux-fortes et frontispice. — *Rues et Maison du vieux Blois*, vingt eaux-fortes et frontispice.

Très belles épreuves à toutes marges, avec dédicace à Ph. Burty.

RAFFET (Auguste-Denis-Marie).

1049. La Revue nocturne (H. Giacomelli 429).

Belle épreuve sur Chine.

RAJON (Paul).

1050. Mrs **Baldwin**, d'après Joshua Reynolds. Petit in-fol.

Très belle épreuve avant toutes lettres, sur Chine volant.

1051. **Hugo** (Victor), d'après L. Bonnat (H. B. 124). — **Pasca** (Mme) d'après L. Bonnat. Deux portraits in-4.

Très belles épreuves avant la lettre, sur papier du Japon.

1052. Lecture de la Bible. — Mariage protestant en Alsace. Deux pièces in-4, d'après Brion.

Très belles épreuves avant la lettre, la seconde à l'état d'eau-forte pure.

RAJON (Paul).

1053. Le Repas de famille, d'après J. Steen. — Le Premier-Né,
d'après Vibert. Deux pièces.

Très belles épreuves avant la lettre, à grandes marges.

1054. Rembrandt dans son atelier, d'après Gérôme. — Intérieur de
cour, d'après P. de Hooch. Deux pièces in-4.

Très belles épreuves, la première sur Chine volant, la seconde
avant la lettre sur Japon.

1055. Sujets divers et Portraits, d'après divers artistes. Douze pièces.

Très belles épreuves avant la lettre.

RAMUS (Edmond).

1056. Convoi d'un Enfant en Finlande, d'après Edelfeldt (H. B. 22).

Belle épreuve avant la lettre.

1057. Marché aux Chevaux, d'après Rosa Bonheur (25).

Très belle épreuve d'artiste avant la lettre, sur papier de Chine,
avec remarque et avec envoi autographe.

1058. Sujets divers, d'après Daumier, Delauney, Fabrès, van den
Bos, etc. Vingt-deux pièces.

Belles épreuves d'artiste avant la lettre, plusieurs non terminées.

RIBOT (Théodule).

1059. La Prière. — Portrait de Cadart. — Scènes de Cuisiniers. —
Vieux Contrebandier. — Croquis. Neuf pièces.

Belles épreuves à toutes marges.

ROBERT (Léopold).

1060. **David** (Mme Louis), sous le nom de *Duchesse douairière
d'Orléans*, d'après L. David. Petit in-fol.

Très belle épreuve avant la lettre, les noms des artistes tracés à la
pointe.

ROBINSON (J.-C.).

1061. Paysages, effets de pluie. Huit eaux-fortes.

Très belles et rares épreuves d'artistes dont deux doubles. Collection Ph. Burty.

ROCHEBRUNE (Octave de).

1062. Chenonceaux. — Château d'Azay-le-Rideau. — Façade de l'Hôtel de Ville de la Rochelle. Trois pièces in-fol.

Superbes épreuves du 1er état, sur papier du Japon.

1063. Clocher de Notre-Dame de Fontenay-le-Comte. — Le Puy du Fou. Deux pièces in-fol.

Superbes épreuves du 1er état, sur papier du Japon.

1064. Façade orientale du château de Chambord. — Chambord, vue prise des terrasses. Deux pièces in-fol.

Superbes épreuves du 1er état, sur papier du Japon.

1065. Intérieur de la lanterne de Chambord. Grand in-fol.

Très belle épreuve.

1066. Sainte-Chapelle de Champigny, 1865. In-fol.

Belle épreuve.

1067. Châteaux et Vues de France. Trente pièces in-4.

Très belles épreuves, plusieurs sur Japon.

1068. Eaux-fortes pour *les Vendéens*, poèmes, par Émile Grimaud, Nantes, 1875. Trente-cinq pièces in-4.

Très belles épreuves sur papier du Japon.

ROLLAND (D'après Auguste).

1069. OEuvres de A. Rolland, texte par E. Gandar, accompagné de quarante-trois lithographies par K. Bodmer, Français, J. Laurens, E. Le Roux, Mouilleron et Vernier. Metz, 1863. In-fol.

Très bel exemplaire de ce recueil tiré à 100.

ROQUEPLAN et WATTIER.

1070. Sujets de genre. — Paysages. Vingt-quatre pièces.

Belles épreuves, plusieurs doubles.

ROUSSEAU (Théodore).

1071. Chênes de roche (H. B. 4). In-8.

> Deux très belles épreuves du 2ᵉ état, avant la publication dans la *Gazette des Beaux-Arts*.

ROUSSEAU (D'après Théodore).

1072. Paysages. Vingt pièces gravées ou lithographiées par Greux, Potémont, Lessorre, etc.

> Belles épreuves, plusieurs avant la lettre.

1073. Paysages. Cinquante-neuf photographies in-fol., montées sur bristol bleu.

ROYBET (Ferdinand).

1074. Un Fou sous Henri III (H. Béraldi, 1). — Le Joueur d'échecs (H. B. 2). — En retard pour la fête (H. B. 4). — Faneuses (H. B. 5). Quatre pièces.

> Belles épreuves.

1075. Le Sac de Dinant (H. B. 7). In-4.

> Deux très belles épreuves, dont une très rare, à l'état d'eau-forte pure.

SAINT-ÉTIENNE (Francis).

1076. Paysages gravés à l'eau-forte. Vingt-six pièces.

> Très belles épreuves, la plupart en épreuves d'artiste, sur papier du Japon.

SAINT-MARCEL (Edme-Cabin).

1077. Berger et Bergère conversant (Loys Delteil, 1). In-4.

> Deux très belles épreuves des 2ᵉ et 3ᵉ états.

1078. Bœufs traversant une mare (L. D. 2). In-4.

> Très belle épreuve du 3ᵉ état, avec la date.

SAINT-MARCEL (Edme-Cabin).

1079. Tête de Lion (L. D. 8). In-4.

>   Très belle épreuve du 1er état, avant la lettre, sur papier du Japon.

SEYMOUR-HADEN (Francis).

1080. Fulham sur la Tamise (H. B. 18). In-4.

>   Deux belles épreuves d'états différents, à grandes marges.

SIROUY (Achille).

1081. Les Moines Quêteurs d'après Vibert. — Vénus et Adonis d'après Prud'hon. Deux lithographies in-fol.

>   Belles épreuves avant la lettre sur Chine, avec la signature de l'artiste.

1082. Le Festin de Sardanapale, d'après Eug. Delacroix. — Athalie, d'après Sigalon. Deux pièces grand in-fol.

>   Superbes épreuves avant la lettre sur Chine, avec la signature de l'artiste.

TAIÉE (Alfred).

1083. Vues de Paris et de ses environs. — Paysages. Soixante-quatorze pièces.

>   Très belles épreuves, la plupart sur papier du Japon, quelques doubles.

THORNLEY (Georges-William).

1084. Le Derby à Epsom, d'après Géricault. Lithographie in-fol. en largeur.

>   Très belle épreuve d'artiste, avec remarque, signée.

UNGER (William).

1085. *Eaux-fortes d'après Frans Hals, par William Unger, avec une étude sur le maître et ses œuvres, par C. Vosmaer, Leyde, 1874.*

>   Deux fascicules in-fol., contenant vingt pièces. Très belles épreuves.

VALÉRIO (Théodore).

1086. Costumes Hongrois, Monténégrins et Albanais. Trente-sept pièces.

> Très belles épreuves sur Chine, onze sont avant la lettre.

VEYRASSAT (Jacques-Jules).

1087. *L'aux-fortes*, 1866, cahier de quatorze petites planches. — Eaux-fortes diverses, vingt-sept planches. En tout quarante-et-une pièces.

> Belles épreuves.

VOLLON (Antoine).

1088. Paysages. Quatre pièces.

> Très belles épreuves, trois sur papier du Japon.

WALTNER (Charles-Albert).

1089. **Fitz Herbert** (Mistress), d'après Romney. In-fol.

> Superbe épreuve avant toutes lettres, sur Chine volant.

1090. **Laideguive** (M.), d'après M. Q. de la Tour. In-fol.

> Superbe épreuve avant toutes lettres, sur papier du Japon.

1091. **Lépicié**, d'après lui-même. In-4.

> Très belle épreuve avant la lettre, sur papier de Chine volant.

1092. **Vicq** (Baron de), d'après Rubens. In-4.

> Superbe épreuve avant toutes lettres, à toutes marges.

1093. **Vridags van Vallenhoven. — Mme Vridags van Vallenhoven.** Deux pièces in-4, d'après Ravesteyn.

> Très belles épreuves avant la lettre, sur papier du Japon.

1094. La Mise au tombeau, d'après Ant. van Dyck. — Tête de femme, d'après Ricard. — Le Vase de Chine, d'après Fortuny. Trois pièces.

> Très belles épreuves avant la lettre, sur papier du Japon.

WALTNER (Charles-Albert).

1095. Jésus dans le tombeau, d'après H. Lévy. — La Vierge et l'Enfant Jésus, d'après Ferrari. — Femme couchée, d'après Courbet. — Ève, d'après Carolus Duran. — **Vigée-Lebrun** (Mme), d'après elle-même. Cinq pièces.

> Très belles épreuves, quatre sont avant la lettre.

WATT (W.-H.).

1096. **Moore** (Th.), d'après Newton, 1828. In-fol.

> Très belle épreuve avant la lettre, sur Chine.

WHISTLER (James-Mac Neil).

1097. Westminster. Grand in-8.

> Très belle épreuve, à grandes marges.

1098. Thames police. In-4.

> Très belle épreuve sur papier du Japon.

1099. Un Quai d'Angleterre. In-4.

> Très belle épreuve, à grandes marges.

1100. Yzac Whiteley. In-4.

> Très belle épreuve, à grandes marges.

WILKIE (David).

1101. Le Paiement. — Bonheur maternel. — La Lecture. — Les Deux Femmes conversant. — La Chaise du Roi. — La Lettre. — Les Trois Garçons. Sept pièces in-12 et in-8.

> Très belles épreuves à toutes marges, sur Chine, imprimées sur quatre feuilles. Rares.

1102. Les Trois Garçons. — Les Deux Femmes conversant. — La Chaise du Roi. — La Lettre. — Le Paiement. — Bonheur maternel. Six pièces in-8.

> Belles épreuves.

YVON (ÉDOUARD).

1103. Eaux-fortes d'après ses tableaux et d'après divers artistes. Quinze pièces.

> Belles épreuves avant la lettre, la plupart sur papier du Japon.

1104. Sous ce numéro, il sera vendu par lots environ quatre mille Estampes, Portraits, Ornements, Vues, de toutes les écoles. Lithographies par Daumier, Gavarni, Cham, Decamps, Beaumont, Pillotel, Vernier, Hadol, Darjou, Stop, Gill, Pelcoq, Draner, Grévin, etc. Eaux-fortes modernes, journaux illustrés, photographies, reproductions de tableaux et de dessins, etc., etc.

1105. Les Portefeuilles de la Collection.

LIVRES

RECUEILS DE GRAVURES
CATALOGUES

1106. **Art pour tous** (L'). Recueil de cent planches. *Paris, A. Morel* 1868, 1 vol. in-fol., cart.

1107. **Artistes Contemporains** (Les). Recueil de 6 frontispices et de 160 planches par et d'après Français, Bida, Decamps, J. Laurens, Célestin Nanteuil, Mouilleron, Bellel, E. Leroux, Chaplin, etc., Très belles épreuves sur Chine renfermées en 2 vol. in-fol., demi-rel., avec coins.

1108. **Barbet de Jouy**. Les Gemmes et Joyaux de la Couronne publiés et et expliqués par Henry Barbet de Jouy, dessinés et gravés à l'eau-forte d'après les originaux par Jules Jacquemart. *Paris, Chalcographie des Musées impériaux*, 1865, 2 vol. in-fol., demi-rel. vél., avec coins, ébarbés, contenant 60 planches.

1109. **Bartsch** (Adam). Le Peintre-Graveur, Vienne, J. V. Degen, 1802. Tomes I à III; 3 vol. in-8, demi-rel. avec coins, ébarbés.

1110. **Bonnardot** (A.). Essai sur la restauration des anciennes estampes et des livres rares. *Paris, Deflorenne neveu*, 1846. — Essai sur l'art de restaurer les estampes et les livres, 2e édition. *Paris, Castel*, 1858. — Ensemble 2 vol. petit in-8, broch.

1111. **Boucher** (d'après François). Fac-simile de vingt-cinq dessins en couleurs, par G. W. Thornley. *Paris, Fabré*, s. d. in-fol. Bel exemplaire dans sa couverture de publication.

1112. **Bouquet** (Michel). Scotland, the tourist's ramble in the hichlands. *Londres, Colnaghi* et *Paris, Goupil*, s. d. **Suite** complète de trente-six lithographies imprimées sur vingt-cinq feuilles, en 1 vol. cart. avec la couverture de publication.

1113. **Bouvenne** (Aglaüs). Catalogue de l'œuvre gravé et lithographié de R. P. Bonington. *Paris, J. Claye*, 1873, 1 vol. in-8, cart., non rog.

1114. **Caldecott** (R.) Scènes Humoristiques. *Paris, Hachette*, 1882, album in-4 obl. contenant quatre-vingt-seize feuilles illustrées, dans leur cartonnage de publication.

1115. **Catalogue** de la précieuse collection qui composait le Cabinet de P. F. Basan, graveur et marchand d'estampes, par Regnault-Delalande, précédé du portrait et d'un abrégé de la vie de Basan. 1 vol. petit in-8, cart., *avec les prix d'adjudication mais incomplet du titre*.

1116. **Catalogue raisonné** de la rare et précieuse collection d'Estampes, réunie par les soins de M. F. Debois, rédigé par P. Defer. *Paris, Imp. Vinchon*, 1843, in-8, demi-rel. (*Avec l'estimation des pièces par M. Debois et les prix d'adjudication*).

1117. **Catalogues** des OEuvres dépendant de la succession de Barye. — Catalogue de la vente à Londres d'une partie de la collection de Ph. Burty. — Catalogue de la vente des estampes de F. Villot. — Catalogues des œuvres de Chintreuil. — Ensemble 5 broch., cart., en trois plaquettes.

1118. **Catalogue.** Palais de San Donato. Objets d'art et d'ameublement, tableaux, 1880, 1 vol. in-4, cart., contenant un certain nombre de planches gravées à l'eau-forte par J. Jacquemart, L. Gaucherel, Flameng, Champollion, Laguillermie, Hédouin, Courtry, etc., etc., et de nombreuses illustrations dans le texte.

1119. **Catalogue illustré** des OEuvres de W. Bouguereau. *Paris, Librairie d'Art*, 1885, grand in-8, demi-rel. toile, avec coins, non rog.

1120. **Catalogue.** Notice sur un très beau salon décoré par N. Lancret (1896), avec 16 reproductions. Plaquette in-4, cart. toile, avec coins.

1121. **Catalogues** de ventes illustrés : Tableaux modernes et anciens composant la collection Laurent-Richard, 1878 (avec 51 eaux-fortes par Hédouin, Courtry, Flameng, etc.). — Tableaux modernes de la collection S*** (14 eaux-fortes). — Tableaux et dessins de la collection de Camille Marcille, 1876 (7 eaux-fortes). — Tableaux et objets d'art de la galerie Oppenheim, 1877 (23 eaux-fortes). — Tableaux modernes, vente Sedelmeyer, 1877 (28 eaux-fortes). — Ensemble 5 catalogues en 4 vol., cart.

1122. **Catalogues** de ventes d'estampes : collections Camberlyn, Behague, A.-F. Didot, Galichon, Gigoux, Herzog, Meaume, Villot, etc. Environ soixante catalogues, la plupart cartonnés par réunion, plusieurs avec les prix d'adjudication. (Sera divisé.)

1123. **Champfleury.** Catalogue de l'Œuvre lithographié et gravé de H. Daumier, avec une eau-forte inédite. *Paris, H. Heymann et J. Perois*, 1878, 1 vol. in-8, demi-rel., avec coins, ébarbé.

1124. **Clément** (Charles). Géricault, étude biographique et critique avec le catalogue raisonné de l'œuvre du maître. *Paris, Didier*, 1868 (1re édition), 1 vol. in-8, demi-rel., ébarbé.

1125. Le même ouvrage, 3e édition augmentée d'un supplément et ornée de 30 planches. *Paris, Didier*, 1879, 1 vol. in-8, demi-rel., ébarbé.

1126. **Claussin** (Le Chevalier de). Catalogue raisonné de toutes les estampes qui forment l'œuvre de Rembrandt et des principales pièces de ses élèves, composé par les sieurs Gersaint, Helle, Glomy et P. Yver. *Paris, Firmin-Didot*, 1824, 1 vol., in-8 demi-rel., avec coins, tête dorée, ébarbé. — Supplément au catalogue de Rembrandt suivi d'une description des estampes de ses élèves augmentées de pièces et d'épreuves inédites... *Paris, Firmin-Didot*, 1828, 1 vol. in-8, demi-rel., avec coins, tête dor., ébarbé. — Ensemble 2 vol.

1127. **Collection** de Vues pittoresques de l'Italie, dessinées d'après nature et gravées à l'eau-forte à Rome par trois peintres allemands : A. C. Dies, Ch. Reinhart et J. Mechau. *Nuremberg, J. F. Frauenholz*, 1799, 1 vol. in-fol., cart., contenant 72 planches.

1128. **Comyns Carr** (J.). Art and Letters an Illustrated Monthly Magazine (1re année, 1er vol., 1881-82). *Londres, Remington*, 1 vol. in-fol., relié. — (2e année, 1882-83) en livraisons.

1129. **Cooke** (W. B. et George). Views on the Thames. *London, published by W. B. Cooke*, 1822, 75 planches en 1 vol. in-4, cart.

1130. **Cotman** (John Sell). Architectural antiquities of Normandy, by John Sell Cotman; accompanied by historical and descriptive notices by Dawson Turner, esq. *Londres, J. et A. Arch.*, 1822, 2 vol. in-fol., cart., contenant 100 planches, épreuves sur Chine.

1131. **Dayot** (Armand). Charlet et son OEuvre, 118 compositions lithographiques, peintures à l'huile, aquarelles, sépias et dessins inédits. *Paris,s. d.* — Raffet et son OEuvre, 100 compositions lithographiques, etc. *Paris*, s. d., 2 vol. réunis en un seul, grand in-8, cart. toile.

1132. **Delignières** (Em.). Catalogue raisonné de l'œuvre gravé, de Jean Daullé d'Abbeville, précédé d'une notice sur sa vie et ses ouvrages. *Abbeville, Priez Paillard et Betaux*, 1872, 1 vol. in-8, cart., non rog.

1133. **Denon** (Bon Vivant). Monuments des Arts du Dessin chez les peuples tant anciens que modernes recueillis pour servir à l'histoire des arts; lithographiés par les soins et sous les yeux de Denon, décrits et expliqués par Amaury-Duval. *Paris, Brunet Denon*, 1829, tomes : I. *Origines, progrès, décadence des arts du dessin.* II. *Écoles de peinture depuis la Renaissance des Arts.* III. *Manque.* IV. *Écoles de peinture, Écoles germanique et française.* 3 vol. in-fol., en feuilles renfermées dans des cartonnages.

1134. **Didot** (Ambroise-Firmin). Les Drevet (Pierre, Pierre-Imbert et Claude). Catalogue raisonné de leur œuvre précédé d'une

introduction, orné d'un portrait inédit gravé par P. Le Rat.
Paris, Firmin-Didot, 1876, 1 vol. in-8, demi-rel. avec coins,
ébarbé.

1135. **Didot** (Ambroise-Firmin). Les Graveurs de Portraits en
France. Catalogue raisonné de la collection des portraits
de l'École française, appartenant à Ambroise Firmin-
Didot. *Paris,* 1875-1877, 2 vol. in-8, rel. toile, éb.

1136. **Durand-Brager** (H.). Voyage dans la mer Noire, le Bos-
phore, la mer de Marmara et les Dardanelles, 24 vues dessinées d'après nature et lithographiées par Sabatier, Cicéri
et Benoist. *Paris, Goupil,* s. d. Exemplaire in-fol., cart., les
épreuves coloriées.

1137. **Gavarni**. D'après nature, texte par J. Janin, Paul de Saint
Victor, E. Texier, Edm. et Jules de Goncourt. *Paris, Mori-
zot,* s. d. Exemplaire in-fol., dans son cartonnage de
publication.

1138. **Gavarni**. Œuvres choisies. *Paris, Imp. Clayc,* s. d. Recueil
in-fol., couverture toile.

1139. **Giacomelli** (H.). Raffet, son Œuvre lithographique et ses
Eaux-Fortes, suivi de la Bibliographie complète des ou-
vrages illustrés de vignettes d'après ses dessins. Orné
d'eaux-fortes inédites par Raffet et de son portrait par
Bracquemond. *Paris, aux bureaux de la Gazette des Beaux-
Arts,* 1862, 1 vol. in-8, dem. rel., non rog.

1140. **Guiffrey** (J.-J.). L'Œuvre de Ch. Jacque. Catalogue de ses
eaux-fortes et pointes sèches avec une eau-forte inédite.
Paris, Mlle *Lemaire,* 1866, 1 vol. in-8, dem.-rel. avec coins,
tête dor., ébarbé. — Nouvelles Eaux-Fortes et Pointes
sèches de Ch. Jacque, 1884. Supplément au catalogue. *Paris,
Jouaust et Sigaux,* 1884, broch. in-8, non rog. — Ensemble
deux ouvrages.

1141. **Henriet** (Frédéric). C. Daubigny et son Œuvre gravé. Eaux-
fortes et bois inédits, par C. Daubigny, Karl Daubigny,
Léon Lhermite, héliogravure Durand, d'après les pièces
rares de l'œuvre de Daubigny etc., *Paris, A. Lévy,* 1875, gr.
in-8, dem.-rel. toile, avec coins, non rog.

1142. **Jacque** (Charles). Album de sujets rustiques (les Mois), gravés pour l'illustration, d'après les tableaux et les dessins de Ch. Jacque, par Adrien Lavieille. Suite de 12 planches avec la couverture de publication renfermées dans un cartonnage.

1143. **Jacquemart** (Albert). Histoire de la Céramique, étude descriptive et raisonnée des Poteries de tous les temps et de tous les peuples, ouvrage contenant 200 figures, 12 planches gravées à l'eau-forte par Jules Jacquemart et 1000 marques et monogrammes. *Paris, Hachette,* 1873, 1 vol. gr. in-8, dem.-rel.

1144. **Jombert** (Charles-Antoine). Essai d'un Catalogue de l'Œuvre d'Étienne de La Belle, peintre et graveur florentin, avec la Vie de cet artiste. *Paris, chez l'auteur,* 1772, 1 vol. in-12, rel., avec le portrait de Cochin et 3 vignettes par Prévost, ajoutés.

1145. **Jombert** (Charles-Antoine). Catalogue raisonné de l'Œuvre de Sébastien Le Clerc, chevalier romain. *Paris, chez l'auteur,* 1774, 2 vol. in-12, rel.

1146. **Joubert Père** (F.-E.). Manuel de l'Amateur d'Estampes, faisant suite au Manuel du Libraire. *Paris, chez l'auteur,* 1821, 3 vol. in-8, rel. v. jasp.

1147. **Lalanne et Martial**. Traité de la Gravure à l'Eau-Forte, texte et planches. *Paris, Cadart et Luquet,* 1866, 1 vol. in-8, cart., n. rog. — Nouveau Traité de la Gravure à l'Eau-Forte pour les Peintres et les Dessinateurs. *Paris, A. Cadart,* 1863, 1 vol. in-8., cart., exemplaire sur Chine, n. rog. — Ensemble deux vol.

1148. **Lièvre** (Edouard). Le Musée Universel. *Paris, Goupil,* 1868. 1re 2e et 3e séries, comprenant 73 planches gravées par Bracquemond, Achard, Chauvel, Courtry, Rajon etc., et dont nous n'en possédons que 61. Un des 60 exemplaires sur Hollande; en 2 cartons.

1149. **Martial Potémont**. Lettre illustrée sur le Salon de 1865. *Paris, Cadart et Luquet,* 20 eaux-fortes sur Chine en 1 vol., cart.

1150. **Meaume** (Edouard). Recherches sur la vie et les ouvrages de Jacques Callot, suite au Peintre-Graveur français de **M. Robert-Dumesnil**. *Paris, Vve Jules Renouard*, 1860. 2 vol. in-8, dem.-rel., avec coins, ébarbés (envoi de l'auteur).

1151. **Meaume** (Edouard). Sébastien Le Clerc et son OEuvre, ouvrage orné d'une eau-forte rare reproduite par Amand-Durand et d'un fac-similé de l'écriture de Séb. Le Clerc. *Paris, Baur et Rapilly*, 1877, 1 vol. in-8, cart., non rog. Exemplaire sur Hollande, n° 27, « offert à M. Perier ».

1152. **Moreau** (Adolphe). Decamps et son OEuvre avec des gravures en fac-similé des planches originales les plus rares. *Paris, Jouaust*, 1869, 1 vol. in-8, cart., non rog.

1153. Le même ouvrage, broché.

1154. **Mousquetaire** (Le), journal quotidien fondé par Alexandre Dumas (N°s 1 à 130, 12 novembre 1853-24 mars 1854), cart.

1155. **Nodier, Bⁿ Taylor** et **A. de Cailleux**. Voyages pittoresques et romantiques dans l'Ancienne France. — Ancienne Normandie. *Paris, Didot l'aîné*, 1820-1825, 2 vol. in-fol., demi-rel., ébarbés, contenant de nombreuses lithographies, par Isabey, H. Vernet, E. Fragonard, Cicéri, Watelet, Allaux, Villeneuve, etc.

1156. **Paris-Murcie**, journal publié au profit des victimes des inondations d'Espagne, par le Comité de la Presse française. Numéro unique, 1879, exempl. cart.

1157. **Piedagnel** (Alexandre). J.-F. Millet, Souvenirs de Barbizon, avec un portrait et 9 eaux-fortes, par Beauverie, Lalanne, Lalauze, Piguet, Rops, Saint-Raymond et Taiée. *Paris, Vve A. Cadart*, 1876, 1 vol. in-8, demi-rel. avec coins, tête dor., non rog.

1158. **Prud'hon** (P.-P.). Photographies des œuvres exposées à l'École des Beaux-Arts en 1874. 113 sujets montés sur bristol bleu et renfermées dans un cartonnage in-fol., obl.

1159. **Raffet**. Expédition et Siège de Rome. Suite complète de
36 lithographies in-fol., réunies en album ; belles épreuves
sur Chine.

1160. **Raffet**. Retraite de Constantine. Suite de 6 pièces et un
frontispice. — Prise de Constantine, suite de 12 pièces et
1 frontispice. — Le Colonel du 17ᵉ léger. — Le Drapeau
du 17ᵉ léger. — S.-A.-R. Mᵍʳ le duc d'Aumale. — Combat
d'Oued-Alleg. En tout 24 pièces in-fol., réunies en album ;
belles épreuves de différents tirages, la plupart sur Chine.

1161. **Raffet**. Dessins faits d'après nature au siège de la citadelle
d'Anvers. *Paris, Gihaut,* 1833. Album in-fol., composé
de 2 frontispices et de 24 planches lithographiées. Exemplaire formé d'épreuves de divers tirages et auquel il
manque les deux frontispices.

1162. **Raffet**. 26 planches inédites, Costumes militaires français
et étrangers, portraits et sujets divers, lithographiés au
crayon, au lavis, à l'estompe et sur papier Auguste Bry.
Ouvrage tiré à 100 exemplaires et effacé ensuite. *Paris,
Lecomte,* 1860, in-fol., demi-rel. avec coins. Bel exemplaire
renfermant 29 planches dont la lithographie : *Infanterie
polonaise marchant à l'ennemi.*

1163. **Raphaël** et **Michel-Ange**. Recueil de 62 photographies :
Les Chefs-d'œuvre du Vatican, 1 vol. in-fol., cart., s. l. n. d.

1164. **Regnault-Delalande** (F. L.). Catalogue raisonné des estampes du cabinet de M. le Comte Rigal. *Paris, chez l'Auteur,* 1817, 1 vol. in-12, demi-rel., ébarbé. Exemplaire avec
les prix d'adjudication.

1165. **Reynolds** (Samuel-William). Engravings from the Pictures
& Sketches Painted by sir Joshua Reynolds, comprising
the whole of his works by Samuel William Reynolds En-
graver to the King. *Published by S. W. Reynolds Bayswater*
july 1820. Remarquable recueil contenant 383 pièces sur
310 très belles planches gravées à l'aquatinte, en toutes
premières épreuves (Proof), à toutes marges et renfermées
en 4 vol. in-fol., demi-rel. mar. vert, avec coins, éb.

1166. **Robert-Dumesnil** (A. P. F.). Le Peintre-Graveur français
ou Catalogue raisonné des Estampes gravées par les peintres et les dessinateurs de l'École française. Ouvrage
faisant suite au Peintre-Graveur de M. Bartsch. *Paris*, 1835-
1871, 11 vol. in-8 (les 3 derniers publiés, d'après les désirs
de l'auteur, par M. Georges Duplessis), dont 8 demi-rel.
et 3 cart., non rog.

1167. **Rousseau** (Théodore). 60 fac-similés photographiques de
dessins du maître, renfermés dans un cartonnage in-fol.

1168. **Silvestre** (Théophile). Histoire des Artistes vivants français
et étrangers. Études d'après nature, illustrée de 10 portraits gravés sur acier. *Paris, E. Blanchard*, 1857. Tome Ier,
gr. in-8, demi-rel. chag., t. d.

1169. **Sonnets et Eaux-fortes.** *Paris, Alphonse Lemerre*, 1869,
1 vol. in-4, cart., contenant des poésies de J. Aicard, Catulle
Mendès, Sainte-Beuve, Sully Prudhomme, etc., et 42 eaux-
fortes par Corot, Daubigny, Millet, G. Doré, Bracquemond,
C. Nanteuil, Seymour-Haden, Gérôme, Français, Manet,
Flameng, Hédouin, Ribot, Boilvin, J. Jacquemart, etc.
Exemplaire à toutes marges.

1170. **Vautier** (Benjamin). Kurzweil und zeitvertreib. *Munich,
Ackermann*, 1884. Suite de 12 photographies montées,
d'après les dessins de B. Vautier, dans leur cartonnage de
publication. — Aus. B. Vautier's skizzenbuch. *Munich,
Franz Hanfstaengl*, s. d. 36 photographies montées, dans
leur cartonnage de publication. — Ensemble 2 albums.

1171. **Veyrassat** (J.). Eaux-fortes. Suite de 10 pièces renfermées
en 1 album in-4 obl., demi-rel., avec coins. Exemplaire
avec dédicace de l'artiste à Léon Gaucherel.

1172. **Vie moderne** (La), journal hebdomadaire illustré, artistique
et littéraire, 3e année, 1881. *Paris, aux bureaux du journal*,
2 vol. in-fol., cart.

1173. **Weigel** (Rudolph). Suppléments au Peintre-Graveur de
Adam Bartsch. Tome Ier (seul paru), Peintres et Dessinateurs Néerlandais. *Leipzig, chez l'auteur*, 1843, 1 vol.
in-12, demi-rel., éb.

1174. **Weirotter** (F. E.). OEuvre de F. E. Weïrotter, peintre allemand, contenant 215 paysages et ruines, dessinés
d'après nature, tant en France qu'en Italie, gravés à
l'eau-forte avec beaucoup de goût, par lui-même. *Paris,
Basan*, s. d. Belles épreuves en 1 vol. cart.

1175. **Wussin (J.)** et **H. Hymans.** Jonas Suyderhoef, son OEuvre
gravé, classé et décrit par J. Wussin, traduit de l'allemand,
annoté et augmenté par H. Hymans. *Bruxelles, Labroue et
Mertens,* 1862, 1 vol. in-8 cart., relié à la suite du catalogue de la vente Guichardot.

1176. Sous ce numéro, il sera vendu, par lots, différents ouvrages
relatifs aux Arts.

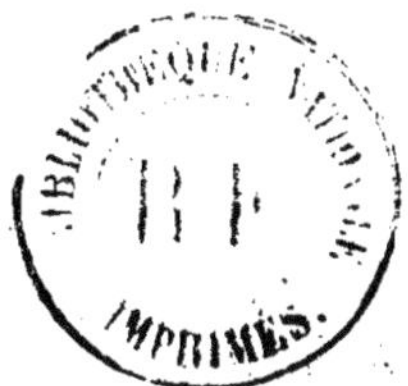

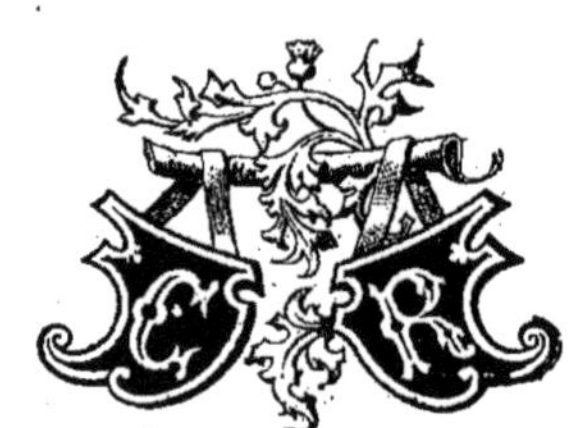

www.ingramcontent.com/pod-product-compliance
Ingram Content Group UK Ltd.
Pitfield, Milton Keynes, MK11 3LW, UK
UKHW020206130726
13696UKWH00002B/744